浙江省高等教育“十三五”第二批教学改革研究项目
“产教融合情境下高职院校职业素质课程体系改革与创新”
（jg20190814）成果

新编21世纪高等职业教育精品教材 **金 融 类**

银领
丛书

浙江金融职业学院中国特色高水平高职学校建设成果

金融职业素质养成

王祝华 徐 烨 编著

中国人民大学出版社
·北京·

图书在版编目（CIP）数据

金融职业素质养成 / 王祝华，徐烨编著. -- 北京 : 中国人民大学出版社，2021.7
新编 21 世纪高等职业教育精品教材. 金融类
ISBN 978-7-300-29632-6

Ⅰ. ①金… Ⅱ. ①王… ②徐… Ⅲ. ①金融业－职业道德－高等职业教育－教材 Ⅳ. ① F83

中国版本图书馆 CIP 数据核字（2021）第 140203 号

浙江省高等教育“十三五”第二批教学改革研究项目“产教融合情境下高职院校职业素质课程体系改革与创新”（jg20190814）成果
浙江金融职业学院中国特色高水平高职学校建设成果
新编 21 世纪高等职业教育精品教材·金融类

金融职业素质养成

王祝华　徐　烨　编著

Jinrong Zhiye Suzhi Yangcheng

出版发行	中国人民大学出版社		
社　址	北京中关村大街 31 号	邮政编码	100080
电　话	010－62511242（总编室）		010－62511770（质管部）
	010－82501766（邮购部）		010－62514148（门市部）
	010－62515195（发行公司）		010－62515275（盗版举报）
网　址	http://www.crup.com.cn		
经　销	新华书店		
印　刷	北京鑫丰华彩印有限公司		
规　格	185 mm × 260 mm　16 开本	版　次	2021 年 7 月第 1 版
印　张	11.25	印　次	2021 年 7 月第 1 次印刷
字　数	238 000	定　价	32.00 元

总序

习近平总书记指出："教材建设是育人育才的重要依托。建设什么样的教材体系，核心教材传授什么内容、倡导什么价值，体现国家意志，是国家事权。"教材建设是教育教学改革的重要组成部分，是深化"三教"改革的重要内容，是教育思想、教育理念和人才培养目标、内容的实体展现。《国家职业教育改革实施方案》要求"遴选认定一大批职业教育在线精品课程，建设一大批校企'双元'合作开发的国家规划教材，倡导使用新型活页式、工作手册式教材并配套开发信息化资源"。"银领丛书"教材，就是在职业教育教学改革深入推进，教师、教材、教法改革持续深化，中国特色高水平高职学校和专业建设计划稳步开展的背景下组织编写的，是浙江金融职业学院银领学院十多年教育教学经验的总结和改革成果的凝练。

银领学院是浙江金融职业学院面向金融行业开展高素质高技能应用型人才培养而设置的二级学院，与 80 余家银行、证券期货公司等金融机构合作开展订单式人才培养，共同制订人才培养方案、共享行业师资、共同开发职教课程、共用实习实训基地，十多年来已经培养了超过一万名动手能力强、职业形象佳、技能水平高、职业素质优的金融行业人才，2014 年被教育部等六部委授予"全国职业教育先进单位"称号。"银领丛书"是银领学院根据职业教育人才培养目标和金融行业对应用型人才的实际要求，专门为培养"下得去、用得上、干得好、留得住、发展好"的一线应用型金融人才而编写的实用性系列教材，从职业礼仪、职业技能、专业能力、职业素质等四个方面构建金融行业职业化人才培养的教材体系，坚持实用、易用、管用、好用的原则，采用情境案例、操作实例、真实事例等丰富素材，运用图表、照片、视频等多种形式进行直观生动展现，力求通俗易懂、深入浅出，帮助学生训练技能、培养能力、提升素养。

"银领丛书"教材开发，重点突出了以下特色：

一、思政元素

《高等学校课程思政建设指导纲要》提出，"落实立德树人根本任务，必须将价值塑造、知识传授和能力培养三者融为一体、不可割裂。全面推进课程思政建设，就是要寓价值观引导于知识传授和能力培养之中，帮助学生塑造正确的世界观、人生观、价值观，这是人才培养的应有之义，更是必备内容。”在编写“银领丛书”过程中，结合金融类专业育人目标，深度挖掘提炼知识学习、技能训练、能力培养和素质养成中所蕴含的思想价值和精神内涵，结合高职院校学生学习特点，通过规则引导、案例分析、实践感悟、警句警示等方式，将思想政治教育元素有机融入教材的各个章节，为课堂教学提供思想政治教育素材和思路，实现人才核心价值观、职业道德、法律意识与专业素质的综合培养。

二、职教特色

教材是教师教书育人的载体，是教师的“教本”、学生的“学本”，是教学改革成果的集中体现。教材不是仅为课堂教学使用的，而是人才培养、专业建设、课程建设、“三教”改革等系统性工程中的一个环节。“银领丛书”依托于浙江金融职业学院中国特色高水平高职学校建设计划中的金融管理专业群建设，吸收了金融专业国家级教学资源库建设的丰富经验，汇聚了多门国家级、省级精品课程和精品在线开放课程的建设成果，在银领学院面向金融行业与订单单位共同开展应用型金融人才培养的基础之上，经过十多年的实践检验并进行系统化编写而形成，从学习目标设置、教学内容选择、章节结构编排、实习实践活动设计等各个方面，都贴近高职学生的特点和行业的需求，遵循技术技能人才成长规律，将专业精神、职业精神和工匠精神融入教材内容，实现知识传授与技术技能培养并重，强化学生职业素养养成和专业技术积累，形成了鲜明的职教特色。

三、应用导向

“银领丛书”围绕金融行业对应用型人才的现实需求，针对一线从业人员的岗位特点和存在的问题，重点解决“00 后”学生走上职场后由于能力、技能和素养等方面不足而导致的岗位适应慢、工作压力大、辞职比例高等痛点难点问题，在内容选择上侧重工作方法的介绍、关键技能点的训练和核心素养的提升。丛书强调实践性，采用“理论＋实务＋案例＋实训操作”的编排模式，适应项目学习、案例学习、模块化学习等不同学习方式的要求，注重以真实项目、典型任务、具体案例等为载体组织教学单元，引导开展运用启发式、探究式、讨论式、参与式等教学方法，努力做到理论知识与实用技能融会贯通，职业能力与素质素养同步提升 。

四、数字资源

“银领丛书”教材开发基于银领学院面向金融行业订单班开设的相应课程建设，将课程建设、教材编写、配套资源开发、信息技术应用有机融合统筹推进，并在日常的教学实践中开展翻转课堂、混合式教学等新型教学模式的应用。经过近十年金融专业国家级教学资源库以及国家级、省级精品课程建设，相应课程积累了丰富、全面的原创性数字资源，我们将其有针对性地应用到教材开发之中，努力做到教材资源立体、形式多样、内容饱满。

教材开发是持续迭代、不断完善的过程，由于编者能力有限，教学改革还在持续推进过程之中，教材开发的各种创新思考均在尝试、摸索阶段，本丛书还存在许多不足之处，恳请大家批评指正。

王祝华

2021 年 2 月

前言

职业素质是一个人的思想素养、工作态度、做事能力、心理品格以及人生观价值观在职场中的综合体现，是实现个人成长和职业发展的基础条件。如果在大学期间缺少了职业素质教育，初入职场的大学生就只能在社会的复杂环境中自己去摸索那些被称之为“在学校里、课本里学不到的专业之外的知识”，有些同学能够在社会的熔炉中百炼成钢快速成长，更多的同学却陷入紧张、迷茫、焦虑之中，不少同学上班不到半年就因不能适应而选择放弃好不容易获得的工作。同时，用人单位在招聘大学生时也开始更加重视专业能力之外的职业素质水平，思想态度、主动性、吃苦精神、敬业精神等成为重点考察内容。在人才市场的激烈竞争中，高等职业院校需要把握机会，通过针对性、系统性的职业素质教育，提升学生的职业素质水平，使其成为继职业形象、职业技能、实践动手能力之后的与更高学历毕业生竞争的第四大核心竞争力。浙江金融职业学院银领学院从2008年开始，就着力构建课内课外相结合、校内校外相整合、理论与实践相融合、线上线下相耦合的立体化职业素质教育体系，实施职业素质提升行动计划，开展职业素质量化考核，将学生打造成“下得去、用得上、留得住、发展好”的应用型金融人才，在普遍以全日制本科为校园招聘基本条件的金融行业打响了“银领学院”的人才培养品牌。

本教材服务于金融类专业职业素质养成相关课程的教学，重点选择了15项与金融行业从业人员紧密相关的职业素质，分为职业思想素质篇、职业心理素质篇、职业岗位素质篇和职业发展篇四篇，每篇根据职业素质的类型、特点，采用学习目标、情境导入、自我测试、知识解读、案例分析、思考训练、课堂互动、学习借鉴、课后提升等模块安排，开展目标确立、兴趣激发、思想引导、思维启迪、能力锻炼、感悟反思等活动，从而层层深入引领学生职业素质提升。

本教材由王祝华负责编写思路设计、整体结构策划和内容选择原则确定，并具体负责职业素质概述、职业思想素质篇、职业心理素质篇中的感恩心态单元以及职业发展篇的编写；徐烨参与整体设计与内容策划，并具体负责职业心理素质篇（除感恩心态单元）和职业岗位素质篇的编写。王瑛、闫春飞、章甜甜等老师参与课程建设并为教材编写提供了大量帮助。本书编写也得到了浙江金融职业学院和中国人民大学出版社的大力支持，在此一并表示感谢！

本教材可以作为各级各类职业院校教学用书和企业培训用书。

职业素质内涵丰富，职业素质教育任重道远。本书许多论述只是基于编者的个人体会，难免有不足与错误之处，恳请读者批评指正。

编者

2021 年 3 月

微课：金融职业素质养成课程介绍

目录

职业素质概述

学习目标

了解职业素质的内涵，理解职业素质对于高职学生的重要意义，树立提高职业素质、实现职业发展的意识。

从事一项职业，劳动者不仅需要具备相应的专业知识、岗位能力和职业技能等“做事”本领，而且需要具有符合职业要求的“做人”素质，这样才能以正确的态度、踏实的作风、积极的心态、精益求精的工匠精神，把工作任务完成得圆满，才会在职业发展道路上开拓创新、勇攀高峰。职业素质是劳动者陶冶心灵、激活智慧、激发能力、增强动力以实现职业发展和品质生活的重要保障。

然而，学校教育往往注重做事能力的培养，忽视做人素质的教育，从而导致大学毕业生走上职场后，常常因为职业意识不强、职业定位不准、抗压抗挫折能力差等问题而不能适应工作岗位，出现消极、抱怨甚至辞职等情况。用人单位也不满意很多新员工的职业素质，对其价值观、工作态度、纪律遵守等提出批评，甚至在实习期就直接淘汰部分大学毕业生。

情境导入

根据麦可思历年发布的《中国大学生就业报告》(就业蓝皮书)，高等职业院校 2016 届、2017 届、2018 届、2019 届毕业生就业半年后的就业现状满意度分别为 63%、65%、65%、66%，2020 年发布的 2016 届高等职业院校毕业生三年后的满意度为 67%，比刚毕业半年时提高了 4 个百分点。就业满意度既会受到薪资待遇、职业发展空间、工作环境、工作压力等多方面因素影响，也与毕业生自身经历和主观感受密切相关。2014 届至 2018 届大学毕业生半年内的离职率稳定在 33% 左右，其中高职高专毕业生为 42% 左右，2018 届金融证券、金融保险高职高专毕业生离职率竟然高达 58%。2015 届大学毕业生有 40% 三年内转换职业，43% 转换了行业，其中高职高专毕业生有 49% 三年内转换了职业，50% 转换了行业。为什么会有这么多的大学生对过关斩将好不容易得到的工作岗位的满意度会如此之低，很多同学甚至轻易放弃呢？从企业的走访中，我们也了解到，企业发现那些通过笔试、面试层层选拔招聘而来，入职前又花了很多的精力进行职前教育、岗位培训的应届大学生，真正上岗后有很多达不到预期的要求。企业反映最多的问题是学生的敬业精神不够、工作主动性缺乏、纪律意识不强、眼高手低等。

一方面，毕业生对用人单位不满意，另一方面，用人单位对刚参加工作的毕业生颇有微词，而解决这一矛盾的关键钥匙是提升大学生的职业素质。就业满意度是大学生走上工作岗位的主观感受，很多情况下并不是工作岗位本身有问题，而是由于刚走出校门的大学生职业意识不强、定位不准、期望过高、社会适应能力差等自身原因导致的挫折感、失败感等心态问题，这也是大部分的辞职发生在参加工作的前两年的原因，这些问题需要通过在校期间加强职业素质教育来解决。对于用人单位诟病的大学生价值取向、纪律意识、敬业精神、工作主动性等问题，也迫切要求高校加强职业素质教育。

知识解读

一、什么是职业素质?

职业素质是什么？在不同的语境中其内涵不尽相同，一般会有广义和狭义两种理解。狭义的职业素质是指劳动者在从事职业过程中所具备的思想、态度、道德、价值观、毅力等内在的思想道德品质和心理素质素养，是与专业知识、职业能力和职业技能相平行的概念，共同构建了职业人所需要的能力素质结构。而广义的职业素质则将知识、能力、技能、素质四个方面的内容都包括进来，指的是职业综合素质。

(一)“素质”的概念及与“知识”“能力”的关系

就“素质”的定义而言，教育学、心理学和社会学等不同的学科和理论，都有不同的定义。在生理学、心理学原本的定义中，素质是个人生来具有的、通过父母遗传基因获得的生理解剖特性，因而又称为先天素质或遗传素质，它是人的心理特征形成和表现的生理基础，也是人获取知识、品德、能力、学识的生理基础。后来在心理学、管理学、社会学、教育学等发展的过程中，将人的思想、心理活动特征，如体质、情感、意志、气质、性格甚至知识、技能、能力等，都看作是人的素质因素，囊括了生理素质、心理素质、政治素质、文化素质、专业素质等方面的内容。

从素质教育和人才培养的视角讨论素质的概念，周远清认为：“素质是在人的先天生理基础上，经过后天教育和社会环境的影响，由知识内化而形成的相对稳定的心理品质。”他认为素质是教化的结果，是通过教育和社会环境的影响逐步形成和发展的，是知识内化和升华的结果，是一种相对稳定的心理品质。朱小蔓等人认为：“素质即人所具有的维持生存、促进发展的基本要素，它是以人的先天禀赋为基础，在后天环境和教育的影响下形成并发展起来的内在的、相对稳定的身心组织结构及其质量水平，主要包括身体素质、心理素质和社会文化素质等。”在高等教育中，主张着重提升学生四个方面的素质，即思想道德素质、文化素质、业务素质和身体心理素质。素质教育思想主张在传授知识、培养能力的同时更加重视学生素质的养成和升华，强调融知识传授、能力培养和素质养成提升于一体。处理好知识、能力和素质之间的关系，是确定高等学校素质教育思想的逻辑基础。

从以上的定义讨论和具体实际应用的情况看，在很多单独论述的语境里，“素质”的含义往往是笼统的，常常包含了知识、能力的内容，成为“综合素质”的广义的概念。为了更精确、细致地研究其特征，我们在这里将素质狭义化，作为与知识、能力平行的概念进行讨论，指的仅仅是一种内在的思想性质和心理品质。在狭义的素质概念里，我们将素质与知识、能力进行如下的区分界定：知识是通过文字、图像、音视频等形式可表述、可传承的对世界的认识或经验总结，展示的是世界“是什么”的描述或者做事情的概念和规则，是客观外在和可以普遍拥有、大范围传播的；而能力，则是在理解掌握事实描述的陈述性知识或办事规则的程序性知识的基础上，将其应用于分析问题、解决问题、改造世界的本领，是属于劳动者个体自身的，需要通过培养、锻炼获得的，能力是需要通过个体内在生成的，不是直接通过传承得到的，因而也是动态的、个性化的，体现的是懂得并且掌握“怎么做”的潜在水平；素质，是个体所具有的主观的、内在的、情感性的品质，是在知识、能力之上的更高层次的心理品性，表达的是“值不值得做”“要不要努力去做”的态度与性格。

（二）职业素质的概念及与专业知识、职业能力的关系

作为素质的下位概念，职业素质的定义，也没有统一的定论。在各种文献中，职业素质经常与职业素养混同使用，比较普遍地定义为劳动者在一定生理和心理条件的基础上，通过教育培训、职业实践和自我修养等途径而形成和发展起来的，在职业活动中起决定作用的、内在的、相对稳定的基本品质，很多情况下都笼统地将专业知识、职业能力、职业技能等内容涵盖进来，是广义的素质概念在职业活动中的具体化，实质上指的是“职业综合素质”。狭义的职业素质，则需要将其视作与专业知识、职业能力相平行的概念，突出其主观的、内在的、情感性的品质，是在专业知识、职业能力之上的更高层次的心理品性。具体而言，劳动者通过学习掌握的职业所需的概念、规则、理论等内容属于专业知识，在实际工作中具有的运用专业知识来解决问题、完成工作任务的水平属于职业能力，但是拥有了知识和能力，并不一定就能够在职业活动中积极主动地发挥出来。追求精益求精的结果，能够积极认真、持之以恒地把工作做好的态度和精神，体现的才是职业素质。如学习“现代服务业的职业礼仪”课程，知道了基本礼仪规范和动作要求是掌握了专业知识，能够按要求把动作规范地做出来、做到位是能力，而发自内心的对岗位、对客户的热爱，用真诚、宽容的

态度去展示规范动作，体现的才是职业素质。

二、职业素质的特征

职业素质与专业知识、职业能力有很大的不同，其特征的界定对于选择适用的教育理论、正确把握教学规律以更加有效地开展教育教学活动具有重要意义。

（一）思想性

职业素质首先是思想政治素质，是一个人的思想境界、道德品质在职业活动中的具体反映，其核心内容就是职业理想、职业道德和职业价值观。坚定的理想信念、良好的思想品格、高尚的道德情操、正确的人生观价值观，是职业素质的坚实基础。

（二）整体性

整体性一方面指职业素质是建立在专业知识、职业技能和职业能力之上的多种素质的综合，职业素质教育要与职业能力培养、职业技能训练、专业知识教学相结合，与具体的行业背景、职业情境相融合，不能孤芳自赏、各自为政；另一方面，指职业素质与个人的文化素质、心理素质、身体素质等其他方面的素质密切联系，互相作用、水乳交融，共同构成一个人的素质素养。

（三）职业性

职业性一方面指职业素质的具体内容和要求与职业密切相关，不同的行业、职业与岗位对从业者素质的要求有所不同；另一方面指职业素质是劳动者通过从事具体的职业活动而表现出来的具体的情感、态度和行为，它是基于职业而存在的。

（四）内在性

内在性指职业素质是在长期的学习和活动中通过个体自身学习、实践和修炼等有意识地内化、积淀和升华而成的一种内在品质。职业素质的内在性特征，强调了受教育者个体是职业素质教育的主体，教育时需要充分激发个体的主观能动性，要更加重视主体的内化过程，避免机械灌输、空洞说教。

（五）情感性

职业素质是稳定的内在思想性质和心理品质，具有明显的情感性特征。职业素质中与情感、态度相关的内容包括职业心理、职业兴趣、职业情感、职业性格等。

三、职业素质对高职学生的重要意义

对高职院校学生而言，职业素质是就业的“敲门砖”、职业的“稳定器”、发展的“原动力”、品质生活的“催化剂”，具有十分重要的意义。

（一）职业素质是高职毕业生的就业核心竞争力

高等职业教育培养的是“下得去、留得住、用得上、干得好”的应用型人才，能用、会干体现的是学生的能力水平，能下去、能留住而且认真干、干得好，更多体现的就是思想态度、素质素养问题，因而高等职业教育不仅要强调专业能力和职业技能的培养，而且需要重视学生职业道德、工匠精神等职业素质的教育。相对而言，普通本科高校与行业、企业的联系不如职业院校紧密，培养学生的职业面向性要求没有高职院校强烈，也就较少注重在校学生的职业素质培养，再加上职业素质的内在稳定性、长期养成性的特点，毕业后用人单位通过短期的职业上岗培训很难达到快速提升职业素质的目标，因而，在越来越重视员工价值观、敬业精神等职业素质的市场环境下，职业素质成为高职院校毕业生继职业技能、实践动手能力之后更加重要的就业核心竞争优势，成为走向就业市场的“敲门砖”。

（二）职业素质是高职毕业生职业适应的精神力量

在行业调研过程中，高校应届毕业生离职率的急剧攀升成为近几年用人单位反映的最突出的问题之一，这和新一代大学生追求自由、自主和兴趣的职业价值取向密切相关，也和部分学生吃苦精神不够、抗压抗挫折能力差有很大关系。很多学生走上工作岗位后，发现工作单位规矩规则多、管理考核严，再加上工作中遇到困难、压力，就轻易提出辞职，缺乏远大的价值追求、职场适应的能力和坚持的精神动力。这些问题都和职业素质有很大的关系。职业素质与社会要求密切结合，与具体的职业紧密关联，具有很强的针对性和实用性。职业素质教育能够提高学生的社会适应能力和岗位适应性，帮助学生树立职业理想、培养职业意识，学生走向工作岗位后，就能更快地提升职业兴趣、增强工作信心、激发成长动机，更好地立足岗位、更早地积蓄发展动力。职业素质是学生走向社会、迈好职业生涯第一步的“稳定器”。

（三）职业素质是高职毕业生的可持续发展力

长期以来，职业教育过多强调培养目标的工具性、教学内容的职业针对性而忽视了学生职业素质教育，影响了学生步入工作岗位后的社会适应、职业迁移和可持续发展。在当今技术快速发展、经济转型升级的时代，在学校所学的专业知识、职业技能容易被更新、迭代，给高职学生的职业可持续发展带来很大挑战。于是，坚持“以人为本”教育理念、加强学生素质教育的呼声也越来越高。职业素质更多强调的是思想道德、职业态度和心理品质，注重帮助学生养成学习习惯、维持成长动力、激发创新思维、丰富职业情感、提升成长的内在品质，是实现学生职业持续发展的“原动力”。

（四）职业素质是高职毕业生幸福工作、品质生活的保障力

党的十九大报告明确新时代“我国社会主要矛盾是人民日益增长的美好生活需要和不平衡不充分的发展之间的矛盾，必须坚持以人民为中心的发展思想，不断促进人的全面发展、全体人民共同富裕”。新一代大学生对于职业的要求已经不仅仅停留

在谋生手段上，而是更加在乎“美好生活”的主观体验，从而促使教育要更加重视人的全面发展，而不仅仅是教会学生养活自己的一技之长。职业素质教育通过帮助学生树立正确的价值观、职业观，培养更加积极的职业态度和健康的职场心理，让学生在工作中正确面对困难、挫折与挑战，在拼搏和奋斗的自我实现中追求幸福，学会在宽容、平和、豁达中提高思想品位、享受品质生活。职业素质是学生快乐工作、幸福生活的“催化剂”。

四、大学毕业生常见的职业素质问题

案例分析 | 初入职场大学生的常见错误表现

小李是某银行订单班的学生，大学最后一个学期到订单单位开展顶岗实习，正常情况下他一毕业就可以到银行上班。可是实习才两个月，银行就通知他被淘汰了，原因是他多次在开会时玩手机，同事多次善意提醒甚至领导单独谈话教育，他都没当回事。小李回到学校后，觉得很委屈，自己是一名实习生，平时工作努力认真、工作能力强，也曾得到领导表扬，只是在开会时觉得会议内容和自己关系不大，感觉无聊才用手机聊天刷朋友圈的，更何况一边玩手机一边也在听讲呢，就这么点小事单位怎么就淘汰我了呢？

课堂讨论：

1. 小李的教训有哪些值得我们吸取的？问题的根源是什么？
2. 举一反三，走向工作岗位后，哪些不良习惯要克服？
3. 在职场上我们应该用什么样的态度和精神面貌去面对工作？

小李存在的问题可以从以下五个方面进行思考：纪律观念薄弱，缺乏对规章制度的敬畏；态度松懈，对自己的要求不严格；缺乏敬业爱岗的基本素质，工作不积极主动；态度不谦虚谨慎，对领导和同事的批评、提醒不虚心接受、不重视、不改正；思想麻痹，对违规违纪的后果认识不足。这些问题都是新员工常见的问题，值得大家高度重视并引以为戒。

职业素质是一只无形的手，你看不见它，但它无时无刻不在发挥着关键甚至是决定性作用。一个人职业素质的高低，直接关系到他一生的职业成就。一流的员工一定拥有一流的职业素质。刚走上工作岗位的大学毕业生，由于在校期间缺少职业素质的针对性、系统性教育，往往不能适应工作岗位的要求而被领导和同事批评，自己也感到委屈和不满。根据我们的调查了解，企业在招聘和用人中最不满意的大学毕业生职业素质问题，突出表现在以下方面。

（一）纪律观念淡薄，缺少规矩规则意识

相对企业而言，学校对学生的制度约束与纪律管理是比较宽松和柔性的，尤其是在大学，学生迟到早退旷课、上课玩手机、作业抄袭等问题，教师大多是进行无关痛

痒的批评教育，很少采取实质性的纪律处分行动，使得部分学生大学毕业走向工作岗位后，到了单位也常常把一些不良的习惯带到工作上，对单位的规章制度执行得并不认真，迟到早退、上班玩手机、串岗聊天、随意请假等行为不时发生，工作制度流程的执行也不够严格规范。

（二）贪图安逸享乐，缺少刻苦拼搏精神

现在家庭的物质生活条件好了，不少大学毕业生就失去了用自己的辛勤工作去创造财富的动力，对稍微艰苦的岗位、辛苦的任务就退却甚至逃避，而不去考虑为今后的职业发展打基础做准备；现在各种游戏娱乐的内容丰富了，很多同学就沉溺其中，失去了拼搏进取的斗志，把大量的时间都耗费在安逸享乐之中，甚至在上班时间都难以控制。

（三）容易好高骛远，缺少脚踏实地精神

从基层做起、从小事做起，扫地、擦桌子、打开水等帮助师傅、同事做力所能及的事情，似乎是传统新员工的必修课，这其实也是尽快融入团队、体现自己虚心、表达自己积极进取态度的良好做法。但是现在很多大学毕业生走上岗位后，小事不屑做，大事做不了。不要说是办公室的公共事务，即使对于本职工作中一些轻而易举就能干好的小事情，也不愿干、不屑干，即使是单位要求，也不情愿、不认真干，认为这些事情太简单、太琐碎，浪费了自己的精力，辜负了自己的才能。

（四）工作消极被动，缺少积极主动意识

部分学生毕业后走上工作岗位，沿袭了学生阶段被动学习、消极做作业的思维习惯，对待工作只是被动完成领导交办的任务，限于能够应付交差，而缺少主动思考如何把工作做得更好、更完美的意识。在日常的工作过程中，也缺少主动发现问题、寻找锻炼机会的理念，在工作空闲时也不会去主动帮助同事或服务客户，而是只顾自己手机聊天甚至打游戏。

（五）不愿互助合作，缺乏团队协作意识

面对社会分工的日益细化、技术及管理的日益复杂，在实际工作中各项任务的完成往往需要团队合作，而不像在学校里的学习只要自己努力就可以。刚走上社会的大学毕业生往往不能理解这一点，面对激烈的竞争，许多同学甚至视同事为竞争对手伺机刁难，而不是互相帮助、共同进步。即使在开展团队协作过程中，部分同学由于缺乏沟通交流、组织协调能力而不能实现合作共赢的目标。

事实上，绝大多数情况下并不是学生天性就自由散漫、不追求上进，而是学校里缺乏相应的职业素质教育，没有从职业思想上进行引导、岗位能力上开展指导、职业心理上进行疏导，而是任由学生走向社会后自己去摸索、去领会、去碰壁，使得部分学生因此付出惨重的代价。因此，在大学期间开展职业素质教育，是重要也是必要的。

五、如何有效提升职业素质？

学生是职业素质教育的主体，也是直接的受益者。职业素质教育要取得成效，关键是要发挥学生的积极主动性。职业素质的形成，是一个渐进的、长期的、发展的过程，需要从大一的时候就开始培养职业意识、了解职业素质的内容、掌握培养方法、制定养成方案，并在大学期间就有意识地通过养成行动不断提升自己的职业素质水平。

（一）确定职业发展方向

大学期间我们就需要确定职业方向，选择适合自己的行业和工作岗位，这将决定我们今后几十年的职业发展和人生道路。事实上，在高考填报志愿选择专业时，我们已经确定了大致的就业方向和工作领域，进入大学后我们需要对所学专业和社会职业做更加深入的了解，进一步明确毕业后所期望从事的行业、职业及岗位，并提前做好就业准备。

金融类院校或金融专业主要培养的是服务经济金融一线的高素质技能型应用人才，学生毕业后大多数在第三产业中的现代服务业工作，如银行柜员和客户经理、证券期货外贸等行业的业务人员、企业的会计出纳、公司的行政人员等。如果按照六种职业类型划分，学生毕业后根据专业和自身的性格、兴趣、特长，主要从事的是技能型、社交型、事务型的职业岗位。现代服务业的一线应用型岗位一般具有以下特点：一是突出客户服务，工作时主要与人打交道，服务意识、工作态度、沟通能力显得尤为重要；二是一线应用型，毕业后一般从基层最基础的岗位做起，处理的是最基本、最单调，也是最琐碎的问题，强调做事的能力，不仅做小事、琐事，还要把小事、琐事做好，只有通过基础工作的锻炼，才能不断积累能力、增长才干，一步一个脚印走上更高的岗位发挥更大的作用；三是业绩导向型，工作不仅要完成，还要讲究成效，要为客户提供满意服务、为单位创造效益，体现自己的工作价值。

（二）明确职业与人生规划

职业生涯与人生发展规划是一种人生的经营战略，可以帮助个人树立职业目标，助推职业发展，实现成功人生。规划是思考的开始，也是行动的起点，进入大学后同学们大多已经过了 18 周岁的生日，从法律意义上已经成为成人，“成人”意味着独立与自立、责任与担当，意味着需要认真思考自己的职业去向和人生发展并为之负责。

中国人常称“三十而立”，而按照规律，高职毕业生的标准毕业年龄为 21 周岁，因此，可以用“135791”发展路线作为职业与人生规划，即“一年熟练岗位、三年成为骨干、五年成为尖子、七年顺利优岗、九年初成事业，一生平安幸福”。

“一年熟练岗位”，要求同学们毕业后在一年内能熟悉并胜任最基础、相对应的岗位或工种，能够熟练做好工作。“三年成为骨干”，要求毕业后经过三年左右的努力在本岗位成为业务和技能都比较熟悉、能够独当一面并能取得显著业绩的骨干。“五年成为尖子”，经过大约五年的时间，能挑起相关岗位的重任，成为本业务领域的尖子，成为领导所赏识的下属和同事们欢迎的同行。“七年顺利优岗”，在五年努力取得显著成绩的基础上，再通过两年左右的努力工作，能够顺利地进入新的更加重要的岗位或去其他岗位锻炼，以更加全面地熟悉工作，为发展做准备、打基础。“九年初成事业”，经过九年左右的时间，在基础岗位熟练工作，并在跨岗位锻炼的基础上，顺利进入主管或基层岗位负责人的行列，如主办会计、二级支行负责人等，此时恰好三十岁，符合中国人三十而立的习惯。“一生平安幸福”，九年的初步成功，为未来发展打下了坚实基础，只要戒骄戒躁、不断努力、继续学习，不断适应新形势，开拓新境界，就一定能沿着一生平安幸福的方向发展。

（三）实施素质养成行动

在确立了职业发现、明确了职业与人生发展规划后，大学期间就应该按照既定目标加强基本职业素养的自我修炼和专业素养的实践提升，在思想、情操、意志、体魄、知识、技能、能力等方面付诸锻炼行动，同时，还要培养良好的心理素质，增强应对压力和挫折的能力，善于从逆境中寻找转机。具体来说，要从以下方面进行自我培养。

1. 培养职业道德

同学们在大学学习期间就要有意识地培养职业道德，如培养自己的诚信品格，作业不抄袭、考试不作弊，对同学真诚不说谎、不欺骗；积极参加志愿者活动，奉献爱心、服务社会；兢兢业业做好学生干部工作，忠于职守、服务同学；等等。通过主动积极的实践行动不断提高自己的职业道德水平、提升职业素养。

2. 学习专业知识

扎实的专业知识是今后参与就业竞争、胜任工作岗位的基本条件。大学期间同学们一方面要学好专业课程，同时关心社会发展，运用所学专业知识，对社会经济金融现象进行分析，提升专业素养；另一方面，要根据自己所确定的就业方向，考取相应的职业资格证书，如银行业专业人员职业资格证书、证券业从业人员资格证书、基金从业人员资格证书、全国初级会计职称证书等。学校专业课程的学习与行业从业资格证书考试统筹规划、同步开展，既可以使两者的学习同时推进、互相补充、互相促进，有利于知识的理解与掌握，又可以在获得学校课程学分的同时收获行业认可的资格证书，提高就业竞争力，减轻工作后的考证压力，可谓一举多得。

3. 训练职业技能

职业技能是高等职业教育人才培养的基本特征，高技能水平是高职学生就业竞争和职业发展的核心优势所在。在每年的订单选拔、就业招聘时，职业技能尖子都是用人单位争抢的对象。这是因为职业技能训练是艰苦、单调的过程，技能水平高的学生不仅可以在今后的工作中发挥一技之长，而且体现了他学习目标明确、自控力强、具有刻苦精神等宝贵的品质。根据对毕业生的跟踪调查和用人单位的反馈，技能尖子学生走上工作岗位后其工作的目的性、自觉性、主动性、勤奋程度、吃苦精神等方面明显优于普通学生，从而具有更好的职业发展。因而，同学们开展职业技能训练的过程，不仅是在培养自己的一项核心竞争力，而且是在训练专注力、锻炼毅力、培养刻苦精神，是磨炼意志、锻造品格的过程，这些品质都是今后职业发展道路上宝贵的个人资源。

4. 锻炼职业能力

职业能力是人们从事其职业的多种能力的综合。任何一个职业岗位都有相应的岗位职责要求，一定的职业能力则是胜任某种职业岗位的必要条件。因此，在大学期间，我们就需要充分了解今后的职业岗位对能力的要求，分析自己的优势和不足，并利用在学校学习的机会、活动平台进行针对性的培养。

大学期间是培养能力的最好阶段。一是大学的活动资源丰富、锻炼机会多。学校、学院、学生社团等都会组织各式各样丰富多彩的活动，同学们不仅可以参加其中，而且还有众多的机会成为活动的组织者、策划者，同学们要抓住机会，不是简单地作为“观众”在边上观摩，而是要争取成为“演员”、成为“导演”深度参与，让自己有更多的锻炼机会，取得更大的收获。比如，很多同学在大学里可以策划组织成百上千人参加的活动，可以面对上千观众在舞台上表演、演讲，而在社会上是很难有这样的机会的。二是同学情感真挚，团结合作更加容易。大学同学间年龄相仿、经历类似，大家有缘一起策划活动、组织活动、参加活动，更容易齐心协力、互帮互助、共同成长。三是试错成本低，大学的活动参加人员的主体一般是同学，活动中间出现一些不完善、考虑不周到的地方，老师同学也容易理解，不会造成严重的后果，处理得当反而可以帮助相关同学更好地成长。而在社会上如果活动组织出现偏差，就可能导致严重后果，不会像学校的活动一样给同学们当作“培训”机会进行锻炼。因而，同学们要珍惜大学的锻炼机会，培养自己的各项能力。

除了学校活动外，同学们还可以参加志愿者服务、社会兼职、岗位实习等活动来有意识地锻炼自己的能力。金融专业的学生毕业后大多数从事现代服务业的岗位，这是主要与人打交道的工作，因而重点需要培养沟通交流能力、组织协调能力和团队协作精神。比如，在活动中自主创设谈话情景，锻炼口语表达能力，自主训练非有声语言表达能力，有效表达内在思想和气质；通过集体活动和与团队成员沟通，自主培养团体情感，在团体活动中尽情感受竞争与合作的关系、个人与集体的关系，学会欣赏别人、赞美别人等。

5. 培养良好习惯

杰克·霍吉在《习惯的力量》中说：“我们每天高达 90% 的行为是出于习惯，就是说，倘若我们能看清并且改掉坏习惯，看清并且坚持好习惯，我们至少就能在人生路上得 90 分，关键在于看清自己。关键在于经常的‘自我评估’。譬如一句西班牙谚语：自知之明是自我改善的开始。譬如一句中国人都知道的话：吾日三省吾身。”在大学期间，我们培养一些良好的习惯，对今后的职业发展与人生道路将带来积极的影响。

从职业习惯的角度，以下内容是需要我们从现在开始培养的。第一，守时的习惯。从现在开始培养，每天上课提前到教室，开会提前10分钟到会场，做好各项相关准备工作，调整好需要的状态。要记住，守时是提前到达并做好所有准备工作，并留出时间余量应付突发情况，而不是匆匆忙忙踏着时间点到达。第二，讲卫生的习惯。平时要做好个人清洁卫生，保持整洁有序的学习、生活环境，离开教室、实验室的时候带走个人产生的垃圾等。第三，做计划的习惯。学习、工作、生活都要养成提前做好计划的习惯，这样有利于有条不紊地开展每天、每周等每一个周期的学习、工作、生活。第四，做笔记的习惯。平时要随带笔记本，听课、参加会议时要及时记录必要的信息，这样既有助于准确地记载各种有用的信息，也利于帮助日常工作顺利开展。第五，遵守纪律的习惯。遵守纪律是为了保证正常的秩序、维持良好的环境，违反纪律的人是容易被同学、同事所唾弃的，所以平时不要有迟到、早退，上课、开会时聊天、玩手机等违纪违规行为。第六，总结反省的习惯。平时要及时总结、反省每天、每周等阶段性学习、工作、生活中的得与失，及时调整自己的习惯，总结经验，不断完善自我。

需要养成的良好习惯还有很多，希望同学们平时能有意识地培养自己的良好习惯，改正不良习惯，不断完善自己、提升自己。

学习借鉴 | 以积极的态度勇敢开启职场生涯

实习周记： 拿着分行的介绍信，怀着忐忑的心去了支行报到，心里很没底。还好接待我的是非常友好的姐姐，整个过程非常开心。实习开始的第一周，面对一切都是陌生的环境，有着很强的无助感，不知道怎么去融入她们的工作中，不知道自己要做些什么，不敢开口讲话。过了三天，才开始觉得自己活跃起来，对于一些业务也开始了解一点了。这几天的实习也就只是坐在柜台后面，看着姐姐们办理业务，同时也看到了柜员工作的辛苦，体会到做好工作要有一颗热心服务的心。希望在今后的实习中，能越来越好，越来越大胆。

教师点评： 实习时要学习的东西很多：环境的适应、角色的转变、业务的学习、能力的锻炼。特别是在态度方面，一定要自己积极主动，哪怕是领导、同事没有安排你做具体的工作，自己一要主动思考：他们在做的时候，就思考如果是我，应该怎么做？怎样才能做得更好？并用心学习他们的做法；二要积极行动，主动做自己力所能及的工作，哪怕是倒倒水、整理整理台面等，而不一定等别人安排；三要学会沟通，微笑的神态、文明的举止、贴心的语言等，都是需要练习的基本功。同样参加实习，积极主动学习、用心做事，与消极参与、被动应付，效果有天壤之别。

课后提升

结合你即将从事的工作，思考未来的单位会对哪些方面的职业素质有什么样的要求，并制订本学期的职业素质提升行动计划。

微课：职业素质概述

职业思想素质篇

学习单元1 职业理想

学习目标

在了解社会职业分类的基础上，形成对所从事的行业、职业的正确认知，能够结合职业兴趣、个性倾向、优势特长等自身特点，树立正确的职业理想。

情境导入

哈佛大学曾对一群智力、学历、环境等客观条件都差不多的年轻人，做过一个长达25年的跟踪调查，结果发现：27%的人没有目标，60%的人目标模糊，10%的人有清晰但比较短期的目标，3%的人有清晰而长远的目标。

25年后，对这群人的跟踪调查发现，27%没有目标和规划的人，大都生活在社会的底层，生活状况很不如意，并且常常在抱怨他人、抱怨社会、抱怨这个“不肯给他们机会”的世界；60%目标模糊的人，大都生活在社会的中下层面，能安稳地工作与生活，但没有什么特别的成绩；10%有清晰短期目标的人，大都生活在社会的中上层，生活水平稳步上升，成为各行各业不可或缺的专业人士；3%有清晰且长远目标的人，25年来为实现目标做着不懈的努力，几乎都成了社会各界顶尖的成功人士。其实，他们之间的差别仅仅在于：25年前，他们中的一些人清楚地知道他们的方向是什么，目标在哪里，而另外一些人则不清楚或不很清楚。由此可以看出职业理想和人生发展目标与职业成功的关系，以及职业规划的重要性。

自我测试

根据非常认可5分、比较认可4分、一般认可3分、不认可2分、非常不认可1分，对下列问题打分：

1. 我非常了解即将从事的行业
2. 我非常了解即将从事的职业
3. 我非常清楚即将从事的岗位以及该岗位的发展通道
4. 我即将从事的职业与我的兴趣非常匹配
5. 即使我从事的岗位与我的兴趣和职业发展目标不一致，但是我还是会认真

做好，并为今后的转岗做准备

6. 我有非常明确的短期职业发展目标

7. 我有非常明确的中长期职业发展目标

8. 我非常清楚目前的优势与不足，并且已经计划好如何为实现职业发展目标而努力

9. 少数同学过得浑浑噩噩，是因为缺乏职业理想和人生目标

10. 我认为我是有职业理想的人

将各题得分简单相加，总分越高说明你的职业认知程度越高、职业理想越明确。

知识解读

小时候，老师、家长会问你："你长大后要做什么？你的理想是什么？"当时回答得很认真，但是不知道有什么用。少数同学当回事，暗暗思考并确立了目标，坚持朝着这个方向努力，最终修成正果。很多优秀人才，如医生、教师、科学家，其实在小时候就确立了职业理想，并坚持不懈地朝着这一目标努力。现在，我们就业方向已经明确，更应该认真思考我们的职业理想是什么，五年之后、十年之后，我们的岗位是什么，职业发展期望到哪一个层面。

一、职业认知

俗话说，知己知彼，百战不殆。不同的职业意味着不同的工作环境、发展空间和生活方式，也就是意味着不同的人生道路。因而，在进行选择前，首先需要对职业进行充分的了解，然后才能结合自己的价值取向、专业方向、个性特征、兴趣爱好、优势特长、能力资源等各方面情况，综合进行分析并做出抉择。

对职业的认知，可以从产业、行业、企业、岗位等方面进行全方位了解。

（一）产业、行业与职业

根据产业划分，一个国家，一个社会，从大的方面可以分为三类产业。第一产业包括农业、林业、牧业和渔业等；第二产业是工业和建筑业，工业中包括采掘业、制造业等；第三产业是流通和服务业。在传统农业社会，农业人口比重最大；在工业化社会，第二产业的职业数量和就业人口显著增加；在科学技术高度发达和经济发展迅速的社会，第三产业职业数量和就业人口显著增加。金融行业属于第三产业中的现代服务业。

行业，一般是指按生产同类产品或具有相同工艺过程或提供同类劳动服务划分的经济活动类别，如饮食行业、服装行业、机械行业、金融行业、移动互联网行业等。行业分类可以解释行业本身所处的发展阶段及其在国民经济中的地位。金融业是指经营金融商品的特殊行业，包括银行业、保险业、信托业、证券业和租赁业等，具有指标性、垄断性、高风险性、效益依赖性和高负债经营性的特点。

工作单位，一般分为企业、政府机关、事业单位和社会团体等。其中企业按照经

济类型可以分为国有企业、集体所有制企业、私营企业、股份制企业、外资企业等，按照规模分为大型企业、中型企业、小型企业和微型企业等。不同类型的企业，对入职有不同的要求，也具有不同的职业发展道路和发展空间。金融企业一般资产规模较大、员工数量较多、薪水待遇较高，同时对员工的入职条件、能力素质要求也普遍较高。

还需要关注的一点是企业的用工形式。目前一般有劳务外包、劳务派遣和合同制用工等形式。由于金融企业人才竞争激烈、入职门槛较高，对于校园招聘的高职院校甚至普通三本、二本院校毕业生，常常采用的是劳务派遣用工形式，之后几年再根据工作表现、工作业绩等转为合同制用工形式。对于有志于从事金融行业的高职院校毕业生而言，需要把眼光放长远一些，相信自己通过努力还是能够获得良好的职业发展，转正、升职都是大概率的事件，而不必因为入职时的用工形式放弃进入金融行业就业的机会。

（二）金融行业分类及岗位类型

传统意义上，金融行业划分为银行业、信托业、证券业、保险业、基金业和其他金融机构子行业。银行业在我国主要包括国有商业银行、股份制商业银行、城市商业银行、农村商业银行、非银行金融机构、政策性银行及其他；信托业的机构主体是信托公司；证券业主要由证券交易所、证券公司、证券协会及金融机构组成；保险业的机构主体是保险公司；基金业指的是证券投资基金管理业务的行业，其最主要的机构是基金管理公司；其他金融子行业包括中国人民银行、中国银行保险监督管理委员会、中国证券监督管理委员会及其下属监管机构、金融控股集团，以及期货、金融租赁、担保公司等。

根据中国人民银行等管理机构关于印发《金融业企业划型标准规定》的通知，对金融业企业采用复合分类方法进行分类。首先，按《国民经济行业分类》将金融业企业分为货币金融服务、资本市场服务、保险业、其他金融业四大类。其次，将货币金融服务分为货币银行服务和非货币银行服务两类，将其他金融业分为金融信托与管理服务、控股公司服务和其他未包括的金融业三类。最后，按经济性质将货币银行服务类金融企业划为银行业存款类金融机构；将非货币银行服务类金融业企业分为银行业非存款类金融机构，贷款公司、小额贷款公司及典当行；将资本市场服务类金融业企业划为证券业金融机构；将保险业金融企业划为保险业金融机构；将其他金融业企业分为信托公司，金融控股公司和除贷款公司、小额贷款公司、典当行以外的其他金融机构。

金融行业岗位种类繁多，大体可以划分为前台、中台和后台岗位。前台一般是直接创造利润和价值的岗位，包括银行柜员、客户经理、理财经理、投资顾问、分析师、电子商务等。前台岗位要求从业人员除了要掌握扎实的专业知识外，还应该具备强大的沟通协调、处理复杂事务以及高强度工作的能力。中台岗位一般包括风控、稽核、合规、法务、产品条线等，不直接接触客户，主要为了保障前台部门业务和为项目提供支持，相对而言更重视专业能力。后台岗位包括财务、信息、人力等，主要为前台和中台岗位提供支持，为公司整体运营服务。金融机构各类型岗位并无好坏之分，只有“适合”的才是最好的。对于刚毕业的大学生，尤其是高职院校学生，一般从事的是前台岗位，如客服、银行柜员、客户经理等，在具备了相应的专业能力和管理水平后，才有可能转为中台、后台岗位。

（三）银行业岗位类型及职业发展路径

在各金融子行业中，银行业规模最大、人员需求数量最多，占了整个金融行业的半壁江山。因而，需要重点讨论下银行业岗位类型及职业发展路径。

一般而言，银行提供给应届大学毕业生的岗位主要有以下五类：（1）柜面业务类，就是指在银行柜台里为客户办理业务的岗位，分为对公柜面和对私柜面，从事该岗位的人员称为银行柜员。（2）客户营销类，主要是发掘公司及个人潜力客户，维护客户关系，营销各类金融产品与服务，满足客户需求，拓展市场份额，一般分为对私客户经理岗位和对公客户经理岗位。（3）产品支持类，主要是分析客户与市场需求，设计产品与服务方案，制定并开展营销活动，为销售人员提供支持协助。（4）风险控制类，主要是预防控制信用风险、市场风险和操作风险，监测风险指标，管控运行风险，落实全面风险管理要求等。（5）信息科技类，主要是开发和测试应用软件，安装和维护硬件系统，保障信息系统安全稳定，支持业务发展需求。

对于刚参加工作的大学毕业生尤其是高职毕业生，一般从柜面业务类岗位或客户营销类等前台岗位开始做起，这既有自身专业知识、业务能力不足的原因，也是很多银行从基层开始锻炼员工、发现人才的特意安排。从个人发展角度看，可以结合自己的特点、优势和职业兴趣，选择业务、市场、管理三条路线。业务路线强调专业素质，比如从柜员起步，培养柜台业务操作、风险控制、产品开发、方案设计等能力，逐步从前台转向中台岗位，从事网点业务管理及分行的业务部门工作，甚至在具备了沟通协调、组织领导等能力后，转向网点负责人、业务部门总经理等管理岗位。市场路线从客户经理起步，开拓市场、积累客户资源，也许很辛苦、压力很大，但是做出业绩后成效容易显现，发展就会比较顺利，在管理能力具备后，容易转向管理路线，成长为营销部门总经理乃至行长。如果大学一毕业就从事行政岗位走管理路线，就需要具备较强的综合素质、领导潜质和人脉资源。

二、职业兴趣

职业兴趣是兴趣在职业方面的表现，是指人们对某种职业活动具有的比较稳定而持久的心理倾向，拥有职业兴趣将增加个人的工作满意度、职业稳定性和职业成就感。爱因斯坦说过：“兴趣是最好的老师。”一个人一旦对某事物有了浓厚的兴趣，就会主动去求知、去探索、去实践，并在求知、探索、实践中产生愉快的情绪和体验，取得丰硕的成果。如果即将从事的职业与自己的兴趣不一致怎么办？如何发挥主观能动性培养兴趣、调动积极性来助力职业发展、提升工作品质？这些都需要我们学会正确处理职业理想、现实与职业兴趣的关系。

走上工作岗位，我们都希望职业岗位与自己的兴趣相一致，这样每天上班做的工作正是自己感兴趣的事情，身心愉悦还薪水丰厚，可谓两全其美。但在现实中，出现这一情况的可能性并不大。基于社会职业需求和自身条件的限制，能够从事理想的职业本身就不是容易的事情。即使从事了自己期望的职业，也不可能所有的工作内容都是你喜欢做的事情，总会遇到各种困难和挫折。因而，一旦选择岗位后，如何调整心态、培养兴趣、寻找成就感，就需要培养一项重要能力——适应岗位的能力。在行业调查中发现，初入职场的很多同学坚持不了半年，觉得这份工作与自己的兴趣差距太大，就轻易辞职不干。他们没有清楚地认识到一个残酷的现实：完全合心意的工作几乎是不存在的，特别是初入职场时，能力、资历、资源都不够，并没有太多的资本挑挑拣拣。那些轻率辞职的同学，在接下来的一两年里，往往就困在不停地就业、辞职、再就业、再辞职的怪圈里。而能够坚持下来的同学，两年后辞职的概率就大大降低，接下来的跳槽，是在自己积累了竞争资本的基础上向更好单位、更大平台的主动选择。

三、职业理想

职业理想是个体在一定世界观、人生观、价值观的指导下，对未来从事的职业和发展目标做出的想象和设计，是人生理想在个人职业领域的体现，是人们在职业上依据社会要求和个人条件而确立的奋斗目标，即个人渴望达到何种成就的愿景与向往。职业理想是人们实现个人生活理想、道德理想和社会理想的手段。

为什么要确立职业理想？首先，职业理想具有导向作用，是个人职业发展的方向标，是心中的目标愿景。托尔斯泰说过："理想是指路的明灯。没有理想，就没有坚定的方向；没有方向，就没有生活。"职业理想是人们实现职业愿望的精神支柱。其次，职业理想具有调节作用，是职业成长的催化剂，可以指导并调整着我们的职业活动。当一个人在工作中偏离了理想目标时，职业理想就会发挥纠偏作用，尤其是在实践中遇到困难和阻力时，如果没有职业理想的支撑，人就会心灰意冷、丧失斗志。再次，职业理想具有激励作用，是事业成功的力量源泉，为使美好的未来和宏伟的目标变成现实，人们会以坚忍不拔的毅力、顽强的拼搏精神和开拓创新的行动去努力奋斗。

职业理想可以分为短期职业理想、中期职业理想、长期职业理想和终生职业理想。刚走上工作岗位，如果对职业的了解还不够全面、对自我的认知还不够深刻，先确立短期职业理想，明确 2 年以内的职业规划，确立初步的职业发展方向。在逐步了解行业的发展趋势、职业的具体内涵之后，再结合自身的个性特点、职业兴趣和职业需求，进一步明确、细化中、长期的职业理想。

职业理想不等于理想职业，它是建立在客观、现实、发展的可能性基础上的，以一种历史的必然趋势来展示明天的现实。一般认为当个人的能力、兴趣、职业理想与职业岗位最佳结合时，这个职业才是你的理想职业。要想从事理想职业，就需要不断付出努力，使自己的道德品质、能力水平和职业素质与理想职业相匹配。

案例分析 李开复谈大学生就业："职业理想"不等于高薪

很多求职者被问到"职业理想"的时候，给出的答案是：月薪过万，或者进入全球500强企业。

我们常认为，理想就是实现某些物质利益，比如金钱、名誉或者地位。我的一位同事，在认为自己赚够了钱之后，说了声"拜拜"就去享受他的环球旅行了。当时他才三十多岁。然而几个月后，他发现自己当初的决定是错的，他不用担心温饱，但并不快乐。因为真正的快乐来自工作的过程，而不是由它获得的报酬。

所以，在确立职业理想时要考虑到这个前提：高薪并不等于职业理想。我们生命的价值不在于拥有多少钱，而在于做了多少有意义的工作。还有一些研究告诉我们，那些追求理想的人，在多年以后比那些只追求金钱的人会赚到更多钱。

所以，我希望所有的求职者都记住一句话：事业比金钱重要，机会比安稳重要，未来比今天重要。

用大学四年做职业规划

很多求职者说，刚开始找工作时还有目标，现在是越找越没有标准，感到很迷茫。我想说的是，如果大学四年（甚至更长的求学时间）里没有培养起自己的理想，那么，迷茫是正常的。

求学十几年的目标就是考上大学，这是家长为你们树立的"理想"。而现在大学毕业了，面对求职，没人告诉你该做什么了，于是迷茫产生了。那么，如何摆脱这种迷茫呢？当然是做人生规划，让自己有个目标。但是，这不是一步登天的过程，理想不是一天就能树立的。

我一直建议大学四年的时间应该用来做人生规划，当然也包括树立职业理想。大一大二是理解自己的过程：你喜欢什么，适合做什么，这些问题应该得到解决。我大学时选了很多不务正业、奇奇怪怪的课，都跟自己的专业没什么关系，但是这些课让我知道了自己的兴趣在哪里，这是我最大的收获，也是我确立职业理想的基础。

到了大三大四，你们的疑惑就不该指向自己了，而应该更多地去理解外界。比如我想做的这个行业现在发展到了什么程度？有哪些公司能提供相关工作机会？如果要得到这些工作机会，我需要做哪些准备？其实在这个过程中，你就逐渐树立了自己的职业理想，而且初步探索了一条通向理想的路。

先就业再择业不是妥协

鉴于紧张的就业形势，我建议求职者"先就业再择业"。第一份工作很重要，但尚未重要到决定终生。一个人一生换上四五份工作是正常的，很多时候，职业理想需要一个曲折实现的过程。

很多人说："不管怎么样我一定要实现目标，做不到我也要拼命去试。"其实这不见得是件好事。我建议大家采用“两步计划”来实现职业理想。假如你设定了一个目标，不要一毕业就想马上实现，好像做不到这辈子就算完了。你应该告诉自己：这个理想很好，我实现它的可能性有多高。如果目前可能性不大，那么我应该做些什么让我能够离它更近一步。

在此，我举一个例子。有一个在美国读大学的学生，他所在的学校不算很好，他的成绩还算可以。他立志进入Google工作，问我有没有这个可能。在问了他一些基础知识后，我发现他很聪明，但专业知识不够扎实，我不认为目前的他有机会进入Google。因此我对他说：“现在还很难，但如果再努力一下就有可能。”他继续问：“我能做些什么事让这个可能性最大化呢？”于是，我建议他去读硕士，并向他推荐了Google很喜欢的一所大学——加拿大的滑铁卢大学，因为它的计算机学院教学务实，而且入学还算容易，学费也不贵。两年后他拿到了硕士学位，现在已经进入Google工作。

资料来源：羊城晚报，2009-04-27.

课堂讨论：

从这个案例中，你认同李开复的哪些观点？从中获得了哪些启示？

学习借鉴 | 培养自己选择的实力

实习周记：清明小长假过后开始了正常的上班生活。这个礼拜只有短短的四天，虽然只有四天，但是还是感觉很漫长，也许这就是上班族的心声吧！我的这种想法显然很不好，不管你做什么行业都要干一行爱一行，这是最基本的职业操守。对于柜员这个行业，当时我并没有太多的想法，谈不上热爱也谈不上喜欢，但现在想想应该是一个正确的选择，放眼望去，这个社会上有多少人干的工作是真正自己热爱的？罗曼·罗兰有句名言：“缺乏理想的现实主义是毫无意义的，脱离现实的理想主义是没有生命的。”说明现实和理想有很大差别，我理想中去做什么职业，结果可能并不是我所想象的职业，因此我们要把眼光放在现实生活中，在我没有特别向往的工作情况下首先给自己寻找一份可以养活自己的工作很重要，之后根据自己的想法再去择业！

教师点评：对于刚走上社会的大学生来说，大多面临着理想与现实相矛盾的职业选择问题。自己究竟热爱什么职业，即使再苦再累也愿意为之拼搏？究竟能胜任什么职业，有足够的知识和能力去驾驭、去掌控？估计没有几个人能回答得上来。那么，就在树立理想的同时请尊重现实，用积极的心态去面对当下的工作，用进取的精神去规划未来，用勤勉的行动来提升自己的实力——更多选择的实力。

课后提升

请结合即将从事的职业和岗位，确立自己的短期、中长期职业理想，并写出行动计划。

问题	即将从事的职业和岗位	短期职业理想	中、长期职业理想
你的职业理想是什么？			
你需要在哪些方面做准备？			
你的行动计划是什么？			

微课：职业规划

学习单元 2　爱岗敬业

学习目标

理解爱岗敬业的内涵及对职业发展的重要意义，掌握爱岗敬业的行动要诀，培养爱岗敬业的思想意识和职业态度。

情境导入

美国通用电气前 CEO 杰克·韦尔奇曾指出：“衡量一个公司稳健性有三个指标，分别是现金流、客户忠诚度和员工敬业度。”求职者是不是具有爱岗敬业的精神，是用人单位挑选人才的一项非常重要的标准。用人单位往往录用那些具有爱岗敬业精神的人。因为只有那些干一行爱一行的人，才能专心致志地做好工作。如果只从兴趣出发，见异思迁，“干一行厌一行”，不但自己的聪明才智得不到充分发挥，甚至会给工作带来损失。有调查证实，员工敬业度高的公司财务表现更佳、生产效率更高、离职率低、客户满意度也更高。员工敬业度每提高 10%，客户满意度会跟着增加 4%，且公司利润水准同步增长 4%。以一般努力水平员工产出效率 100% 为基准，不敬业的员工产出效率为 71%，敬业的员工效率为 144%，高敬业的员工效率为 225%。ADP 研究院在全球 19 个国家进行敬业度调查，其结果显示，16% 的员工表示他们在工作中全情投入，这意味着 84% 的全球劳动力并未充分发挥其工作潜能，他们只是“每天来上班”，而不是在工作中“全情投入”。调查显示，阿联酋全情投入的员工比例为 26%，为全球最高，中国全情投入的员工比例仅仅只有 6%。

自我测试

测试你的爱岗敬业意识，实事求是回答一下问题，如果认同回答“是”，反对则回答“否”。

1. 上班每天提前 15 分钟到岗，我认为不是太有必要，只要保证不迟到就可以了；
2. 领导布置的任务，我能够不折不扣地去完成，就应该算是爱岗敬业了；
3. 我认为工作主要就是一种谋生手段，是为了获得报酬养家糊口而不得已做的事；
4. 影响我的工作态度的最主要因素是薪酬待遇，如果单位付给我的工资达不到我的预期，我就会采取敷衍的方式对待我的工作；

5. 我的努力付出如果得不到领导的及时肯定，并且尽快体现在工资待遇上，将会极大影响我的工作积极性；

6. 在与客户交流时，当听到客户对公司的抱怨时，如果觉得他所说的问题并不是由我造成的，我最多安慰几句而没有必要去做更多的理会，更没有必要把这一问题反馈给公司相关部门；

7. 我的日常工作只要按照既定流程认真去做就可以了，即使发现有不完善值得改进的地方，也没有必要去进一步思考优化方案，那些都是领导们的事，已经超出我的岗位职责范围了；

8. 当领导临时安排我做岗位职责范围以外的工作，哪怕我现在有空余时间，也会发牢骚抱怨，觉得自己吃亏了；

9. 哪怕是完成一项重要的工作，花 5 个小时就可以达到 95% 的满意度，如果再多花 5 个小时才能达到 99% 的满意度，我觉得多花的 5 个小时不太值得，95% 的满意度已经差不多够了；

10. 我会积极向公司提意见建议，这样领导才会重视我、提拔我，给我升职加薪；

11. 作为一个职场新人，我觉得多承担一项任务就多一次锻炼的机会，如果时间允许，我会主动向领导申请工作职责以外的任务；

12. 在感觉到我的工作能力达不到工作要求时，我会主动利用课余时间抓紧学习，哪怕自己花钱去购买书籍、参加培训班也觉得是应该的；

13. 要完成一项任务或解决一个难题，我会努力去思考多种方案并进行比较，必要时向领导、同事请教以找到最佳方案，而不是想到一个方案就开始实施；

14. 在完成一项任务之后，我觉得养成及时总结经验的习惯非常重要，这样才能成长进步得更快；

15. 看到别人违反规定，就立即通过合适的途径向公司反映。

前 10 题回答“是”加 0 分，回答“否”加 1 分；后 5 题回答“是”加 1 分，回答“否”加 0 分。统计总分，低于 8 分，说明爱岗敬业意识有待提升；高于 12 分，说明爱岗敬业意识水平较高。

知识解读

爱岗敬业是爱岗与敬业的总称。爱岗和敬业，互为前提，相互支持，相辅相成。“爱岗”是“敬业”的基石，“敬业”是“爱岗”的升华。爱岗敬业指的是忠于职守的事业精神，这是职业道德的基础。爱岗就是热爱自己的工作岗位，热爱本职工作，敬业就是要用一种恭敬严肃的态度对待自己的工作。一份职业，一个工作岗位，都是一个人赖以生存和发展的基础保障。同时，一个工作岗位的存在，往往也是人类社会存在和发展的需要。所以，爱岗敬业不仅是个人生存和发展的需要，也是社会存在和发展的需要。爱岗敬业是平凡的奉献精神，因为它是每个人都可以做到的，而且应该具备的；爱岗敬业又是伟大的奉献精神，因为伟大出自平凡，没有平凡的爱岗敬业，就没有伟大的奉献。

一、爱岗敬业是什么？

对于爱岗敬业的内涵，我们通过一些具体案例来加深理解。

（一）思想影响行为，正确的思想观念是爱岗敬业的动力源

要做到爱岗敬业，首先要具备正确的思想态度和价值理念。每年银领学院在向订单单位了解毕业生表现时，都会发现有两类截然不同的情况。2012 年 5 月，2012 届学生参加顶岗实习已经三个多月的时间。有一天刚好有两家单位同时反映两位学生的表现，特别具有代表性。在某金融公司营销岗位实习的傅同学，单位领导在电话中对他赞赏有加，表扬他工作积极主动、踏实勤奋、能吃苦、不计较。6 月份毕业季学生返校时，我们专门找傅同学了解情况。原来刚参加实习时，傅同学就发现虽然在学校的时候学了不少专业知识，作为学生干部也组织、参加了不少活动，但真正独立拜访客户时，自己的业务知识、职业能力还非常欠缺。站在陌生客户的办公室门口，常常好半天不敢敲门，谈业务时原来很多想好的言辞都无法准确、流利地表达，客户问的很多业务问题自己都不熟悉。公司要求每位业务员每天至少拜访 10 位客户作为基本工作量，他就把每一次拜访客户都当成是一次学习、锻炼的机会，主动给自己定下每天至少拜访 15 位客户的目标。其他业务员每天下午三点多钟就回到公司，而他常常要忙到五六点钟才能回来。对待每一次拜访任务，他都事先认真准备，与客户沟通交流时也特别用心、真诚，而不像其他业务员那样是作为差事去马虎应付。这三个多月来，他每天早出晚归、加班加点，身体疲惫但心理感觉非常充实、有意义，能够切身体会到自己在进步、在成长。“这种每天在进步的感觉是非常美妙的，它也激励着我用心做好每件事、过好每一天。”到了 9 月份再遇见傅同学的时候，他已经自豪地说，因为拜访客户最用心也最勤快，经过 6 个多月的坚持，在分公司所有的业务员里，他认识的客户是最多的，与客户的关系是最好的。当时恰好有一位主管辞职了，他就被任命为业务主管，工资也从原来的 3 000 元调整到 4 500 元，而那些上班一两年的业务员还在继续抱怨工作多、待遇差。“我争取再用一年的时间，在职业能力、业务水平、客户资源等方面达到分公司经理的水平。”这是傅同学给自己定下的新的目标。但是，同样在一家金融公司实习的张同学，却是负面的典型。订单单位反映她工作消极、被动，还经常斤斤计较、牢骚抱怨。班主任老师通过面对面谈话，了解到她的真实想法。她觉得在单位里做的都是些琐碎的、老员工不愿意做的事情，老员工比她做得少而工资却比她高。她觉得目前所应付的事情已经对得起单位发给她的工资了，再多做一点自己就吃亏了，所以遇到单位有额外任务需要加班，就尽量找理由推辞。至于自己的业务能力、知识水平是否达到用人单位的要求，自己的实力与做出的贡献是否与工资相匹配，她根本就没有认真思考过，更不要说自我成长与职业发展了，她看到的只是眼前的利益，贪图的是当下的放松与享乐。正是因为两人完全不同的工作理

念，才形成态度和行动上的巨大差距。

（二）勤奋刻苦、坚韧不拔，拼搏精神是爱岗敬业的标签牌

爱岗敬业，需要将行动落实到扎实、勤奋的工作之中。薛良良，银领学院2011届泰隆银行订单班毕业生，2016年成为泰隆银行城东支行业务部总经理。五年时间，从月薪1 750元提高到年薪近30万。

2011年冬天，薛良良负责“跟”一个客户，3个月下来却依然没有任何进展。有一天下午，客户又一次看到薛良良“猫”在办公室走廊等他，便随口问了一句：“如果存200万定期到你们银行，利息是多少？”这话如同“黑夜里的灯塔”，让薛良良看到了希望。保险起见，薛良良没有当下反馈，而是立即赶回银行，按照银行规定和存款公式，逐一验算，并又额外定制了几个存款方案。趁着天色未黑，薛良良将这份纸质材料送到了客户手上。客户感动于他的诚意和周到，终于“松了口”：“我白天都很忙，没有空，你可以的话晚上11点以后过来。”喜出望外的薛良良一口答应。

深夜11点，薛良良按时赶到了客户单位，然而没想到的是，客户因为工作劳累和衣躺在沙发上睡着了。满怀信心的薛良良只能铩羽而归：“客户的公司在杭州下沙郊外，那天夜里，周边没有路灯，我一个人骑着车，又冷又失望。我想这个感受我会铭记一辈子。”然而上天总会眷顾坚持不懈的人，第二天，客户主动给薛良良打了电话，愿意将原本存在其他银行的80万存款转到薛良良所在的银行。

事实上，被薛良良打动并最终成为他的“铁杆客户”的人不在少数。薛良良读书时的宿管阿姨就是其中一位。实习期间，薛良良常常加班到晚上10点，每次回到学校都要麻烦宿管阿姨开门。一来二去，薛良良就和宿管阿姨熟悉了。一扇门，一把锁，让宿管阿姨看到了薛良良工作的热情和踏实的品质。当知道薛良良转正有存款“指标”后，阿姨主动拿出了5万元，坐公交车去市区存款。此后，宿管阿姨还把薛良良介绍给自己的同事。在她看来，“一个靠谱的小伙子，所在的单位也一定是个靠谱的单位。”宿管阿姨的行动感动了薛良良，而宿管阿姨的话更激励了薛良良。

（三）自动自发、超出期望，创新工作是爱岗敬业的催化剂

爱岗敬业，还需要不断创新、超越，获得超出期望的工作成就。小张和小王差不多同时受雇于一家超级市场，开始时大家都一样，从底层干起。可不久小张受到总经理的青睐，一再被提升，从领班直到部门经理。小王却像被人遗忘了一般，还在底层混。终于有一天小王忍无可忍，向总经理提出辞呈，并痛斥总经理用人不公平。总经理耐心地听着，他了解这个小伙子，工作肯吃苦，但似乎缺少了点什么，缺什么呢？……他忽然有了个主意。“小王，”总经理说，“请马上到集市上去，看看今天有什么卖的。”小王很快从集市回来说，刚才集市上只有一个农民拉了一车土豆卖。“一车大约有多少袋，多少斤？”总经理问。小王又跑去，回来说有10袋。“价格多少？”小王再次跑到集市上。总经理望着跑得气喘吁吁的他说：“请休息一会儿吧，你

可以看看小张是怎么做的。”说完叫来小张对他说：“小张，请你马上到集市上去，看看今天有什么卖的。”小张很快从集市回来了，汇报说到现在为止只有一个农民在卖土豆，有 10 袋，价格适中，质量很好，他还带回几个土豆样品让总经理看。小张进一步说，这个农民过几天还将有几筐西红柿上市，价格还公道，可以进一些货，所以他把那个农民也带来了，他现在正在外面等回话呢。总经理看了一眼红了脸的小王说：“请他进来。”小张由于比小王多想了几步，不是机械、被动地完成任务，因此在工作上取得了成功。

（四）危机应对、灵活机变，职业能力是爱岗敬业的守护神

爱岗敬业，不仅要有积极的思想态度做基础、充分的业务知识做保障、创新的处理方式去应对，还要有娴熟的业务能力做支撑。2013 年 10 月 15 日央视《新闻 1+1》一则“银行改密码需重病者本人到场：别让死规定难为活人”的报道就是鲜活的案例。西安一名 75 岁的病重老汉急需救命钱，家属用他的银行卡取款时误输密码，账号被锁，银行工作人员以“修改密码必须本人办理”的规定为由，要求老人亲自到场修改密码，家人只能申请让 120 急救车护送老人到银行网点，由 5 个 120 的救助人员抬着他到银行修改密码。此事被曝光之后，工行陕西分行给予接待柜员待岗一个月培训、停发绩效、全行通报批评的处分；对负有责任的支行行长、副行长、大堂经理等人也予以全行通报批评、扣罚绩效 500 ～ 1 000 元的处理。对于银行工作人员，如果具备服务意识和应变能力，可以找到多种既不违反规定又解决客户难题的方案，可惜他们没有去做，造成被媒体曝光、当事人受处分的结局。

二、爱岗敬业怎么做？

在日常的工作中，我们需要如何做才能够称为爱岗敬业呢？

（一）认真完成“必答题”：我需要做什么？

必答题是岗位职责所要求的必须做的工作。每天上班我们应该非常清楚自己的岗位职责，还需要完成领导交办的任务。在我们的岗位职责上，往往明确写明 1.2.3.4... 项任务，最后还有一条：“其他”。“其他”，就是领导另外交办的任务。现实工作中，承担“其他”任务多的人才是真正厉害的人，是受领导赏识的人。可惜，很多人看不到这一点，接到领导交办的额外任务，往往发牢骚抱怨，不好好做，结果失去了职业发展的机会。

必答题，是必须完成并且必须做好的工作，是岗位的基本要求。否则，下一步不要说升职加薪，会不会被淘汰都是问题。

（二）积极抢做“选答题”：我还能做什么？

仅仅在做“必答题”，那是被动工作，只有抢做“选答题”，才能成为主动工作。在本职工作完成之余，我们还要思考，我还能做什么？现在的工作流程能否优化？如何能提供更好的服务？比如优秀的银行员工，在工作中为了提升专业能力，会主动考取各种资格证书；为了提高工作成效，会主动设计《客户意向表》和《重点客户登记表》等来改进工作方法；为了提高服务水平，会在下班后去参加学习、培训。如果工作中，只是被动完成岗位任务和领导安排的工作，最多是合格员工，要成为优秀员工是不够的。

（三）主动争取“加分题”：我怎样可以做得更好？

除了主动工作，我们还需要“创新”工作，要思考：我怎样可以做得更好？怎样可以将工作做到超出领导的期望？银领学院 2008 届毕业生冯洁，在发现客户中聋哑人比较多时，她不仅自己学习手语，还与领导沟通，针对网点地处省残疾人协会附近的特殊地理环境，带领全体柜员和大堂经理一起学习手语，使“手语服务”成为网点的“创新”项目，并登上《金融时报》头版，自己也被评为“金融行业全国青年岗位服务明星”。

因而，爱岗敬业，是把工作视同“差事”应付，到“职业”认同，再到“事业”追求的一种职业境界。

案例分析

2016 届泰隆银行订单班学生李亮，顶岗实习期间在当地菜市场陌生拜访客户时，听到一位卖菜的阿姨抱怨说原来泰隆银行有位员工会定期为她调换硬币，可现在却不见人影了（事后得知该员工请产假了），便觉得有必要维护银行形象，主动答应以后由他来负责为阿姨继续换硬币。在接下来的接触中李亮又得知她清晨进货时 70 多岁的公公还需要过来帮忙卸货并将菜搬到摊位上，就主动提出帮忙。以后每天清晨 5 点不到，李亮便来到菜场帮助阿姨卸货搬菜，并一直坚持了下来。李亮跟阿姨一家成了好朋友，阿姨家有个读小学的儿子，也跟李亮亲得不得了，把他当成自己的亲哥哥，有时还抱着李亮的胳膊不放，希望由这位大哥哥送他上学放学。时间一长，阿姨一家被李亮的真诚所感动。阿姨对李亮说：你到哪里，我的钱就存到哪里。阿姨不仅自己在泰隆银行存了 15 万元，还陆陆续续给李亮介绍了许多客户。在阿姨的帮助下，李亮总计完成存款任务 30 万元、有效客户 15 户，被评为该批次的优秀实习生。正是凭着爱岗敬业的精神，之后正式上班一年的时间里，在浙江省衢州市常山县的小县城，李亮就做到有存款 1 200 万、贷款 3 700 万、信用卡 800 万业绩的客户经理。

课堂讨论：

1. 你觉得李亮在哪几个方面做得优秀并值得你学习？
2. 分析李亮能够做好这几个方面的影响因素，你认为他为什么能够想到并做到？

从李亮同学的案例中，至少有以下六个方面值得我们学习：关心单位荣誉，自觉维护单位形象；答应的事情一定做好，对待工作和客户认真负责；积极主动帮助客户排忧解难；真心诚意服务顾客，赢得客户的信任；能吃苦、有毅力；工作讲究方法，从客户最需要的地方去打动客户，赢得机会。李亮的成功，与他具备积极进取的意识、强烈的责任感、吃苦耐劳的品质、主动服务的态度和创新工作的能力密切相关。

思考训练

某超市推出购物200元免费停车两小时的服务举措后，不少路远的顾客都纷纷开车前来购物，客流量大大增加，营业额显著提升。一天，一位中年男顾客购物完毕后，推着一购物车的商品来到地下停车库管理员处领取免费停车券，管理员要求其出示购物小票，并表示要在小票上盖章才能够避免重复领取免费停车券，男顾客第一次来不知道有这一规定，付款完毕后就将小票丢弃了，认为自己满满的一购物车的商品远远超过200元，应该有资格领取停车券。但是，管理员坚持以公司规定为由，拒绝给顾客发停车券。男顾客只得气呼呼推着一车商品回到超市一楼服务中心进行投诉，说超市服务太差要申请退货。而处理投诉的工作人员并没有仔细询问退货原因，帮助顾客解决实际问题，就直接给顾客办理退货手续，从而彻底激怒了男顾客。

思考与讨论：结合以上案例，从思想意识、工作态度、业务能力、工作方法、创新能力等方面思考爱岗敬业需要具备哪些条件？如何才能做到爱岗敬业？

学习借鉴 | 细微之处见品质

实习周记：由于本行规定实习生不能直接上柜，所以这一周我被分到了大堂实习，跟随大堂经理学习营销技巧并解答客户咨询，了解和满足各类顾客的需求。大堂经理特别嘱咐我注意接待顾客应有的礼仪与关注取号机预处理。因为很多顾客觉得人不多就不用取号或者不分具体业务直接取号，在本行制度下这些都是不能顺利办理业务的，所以很多顾客会有不满的情绪，我们需要及时地安慰，最好提前问他们办理什么业务，辅导顾客取号。一开始觉得做大堂经理也不难，可是第一天晚上我就累得吃完饭就睡着了，两条腿好像不是自己的。大堂经理每天都有一大堆乱七八糟的事情，大到管理好大堂的秩序，小到地上不能有一点纸屑，经常这边的事情还没处理好，那边的客户又叫我了，有时真的想自己能有分身术，才能够处理好所有的事。

教师点评：大多数工作都是由点点滴滴、零零碎碎的事情组成的，特别是刚走上工作岗位的时候，不可能会有多少轰轰烈烈的任务等着你去完成、等着让你展示才华。在平常的日子里，用心对待这些貌似平凡的工作，把这些平凡的工作做好、做精彩，就能够体现出你的不平凡。大堂经理帮顾客取号、指导顾客办理自助业务、解答顾客提出的各种问题，做得不好会引起不满甚至纠纷、投诉，做好了会让顾客满意，做精彩了会赢得顾客的感动与信任，从而给你带来意想不到的收获。一位毕业的学生就说起他亲身经历的故事，在只有ATM机的社区银行，面对一位只取几十元钱的80多岁的大伯，其他同事都懒得搭理，而他却能主动采用先把自己的钱转给他凑成100整数取出、大伯再用现金零钱还给他的办法完成业务，获得了大伯的信任，从此以后大伯每次都找他办理业务，把原来存在其他银行的钱都转到他这里，还给他介绍了很多客户。这位同学当时只是想用心把工作做好、让顾客满意，但收获却远远超过他的期望。

课后提升

结合今后的工作岗位，举出一个对你印象最深的爱岗敬业的案例，并简述你的体会与感悟。

微课：爱岗敬业　　案例：爱岗敬业

学习单元 3 诚实守信

学习目标

理解诚实守信的内涵及对于职业发展和品质生活的重要意义，树立诚实守信的意识，养成诚实守信的道德品质，并落实到具体的行动之中。

情境导入

2014 年，新华社联合新浪、搜狐、网易开展了一次“中国社会诚信现状”网络调查，先后有 22 100 多人通过填写问卷给出了自己的答案。调查结果显示，超过 88% 的受访者曾因别人不诚信吃过亏，同时，又有 75% 的受访者承认自己有过不诚信行为并感到愧疚。网络调查显示：不诚信的受害者，也常常是不诚信的参与者甚至制造者。中国社科院社会学所社会心理学研究中心主任、研究员杨宜音认为：“当社会信任被破坏后，社会就无法正常运行。受骗经历的增加会导致社会诚信链条的断裂，一方面社会焦虑增加，人们处处谨防上当；另一方面，人们自己也有可能放松自我约束，做出不遵守规范的行为。”

“人无信不立，业无信不兴，国无信不强”。近年来，国家持续加大社会诚信体系建设力度，深入贯彻落实《新时代公民道德建设实施纲要》，深化诚信宣传教育，发挥诚信典型的示范引领作用，逐渐在全社会形成履约践诺、诚实守信的良好风尚。2020 年 6—7 月，《小康》杂志社联合国家信息中心，并会同有关专家及机构，进行了“2020 中国信用小康指数”调查。经过对调查结果进行加权处理，并参照国家有关部门的监测数据和大量社会信息，得出“2020 中国信用小康指数”为 96.4 分，比上一年度的 89.6 分提高了 6.8 分。“中国信用小康指数”分别从政府公信力、人际信用、企业信用三方面进行衡量。《小康》杂志社于 2005 年首次发布“中国信用小康指数”，从 2005 年到 2020 年，“中国信用小康指数”提高了 36.2 分，公众感受到了中国社会整体信用环境的长足发展，但距离人民满意仍有一些差距。

自我测试

实事求是地回答下列问题，简单测试一下你的诚信意识、态度与行为。

1. 你觉得当今社会诚信度高吗？(　　)

A. 很高　　B. 一般　　C. 很低

2. 如果在购买东西时卖家多找给你钱，你会怎么做？(　　)

A. 装作不知道，开心地离开

B. 毫不犹豫地告诉他，并归还多找的钱

C. 看多找多少钱才做决定

3. 你在面试中为了保证自己给面试官留下较好的印象，你会说谎吗？(　　)

A. 不会，做最真实的自己

B. 会撒一些无关紧要的小谎

C. 会，在这个利欲熏心的社会里，为了保证自己的工作机会，撒些谎又算得了什么呢

4. 如果能不花钱进入电影院看电影而且肯定不会被发现，你会选择用这种逃票的方式看电影吗？(　　)

A. 当然会　　B. 可能会，但次数不会太多　　C. 坚决不会

5. 你考试作过弊吗？(　　)

A. 从来没有　　B. 偶尔　　C. 经常

6. 你认为造成目前不诚信现象的原因是(　　)。

A. 社会风气不好　　B. 缺少宣传和教育　　C. 自我意识欠缺

7. 你会遵守自己对他人的承诺吗？(　　)

A. 总是会　　B. 偶尔会　　C. 视情况而定

8. 在支付宝付款成功后，卖家可能会要求你将付款页面给他看一下是否付款以及付款金额是否对应，你当时的想法是(　　)。

A. 没有什么感觉

B. 情有可原，当今社会诚信意识严重缺失，他不过是在保护自己的利益

C. 人与人之间的信任去哪里了，我看上去是那么不诚实的孩子吗

9. 当你正准备在自动提款机取钱时，你发现前面一位客人的银行卡依然在机器里，而且还处于登录状态。你会(　　)。

A. 赶紧退出卡，大声呼唤，并四处张望查看失主是否在附近

B. 好奇地查询余额，但是拒绝接受诱惑，把卡退出后交还给银行

C. 迅速查看四周，确认附近没人后从卡里取出一些钱，之后匿名将卡扔在银行

10. 一天早上刚到公司，一位同事跑来，上气不接下气地感谢你昨天为他解决了一桩突发的意外，其实是他弄错了，你什么也没做，但是你知道是谁做了好事。你会(　　)。

A. 欣然接受表扬，并接受他自认为亏欠你的好处

B. 不言明责任问题，改变话题。只要真正做好事的人不说出来，这迟早会有用处的

C. 承认不是你做的，然后表扬真正做好事的那个同事

11. 以下哪句话最恰当地描述你最近一次说谎的情形（不论谎言的大小）？（　　）

A. 你不记得了——你几乎不说谎

B. 昨天，但是其实只是一个虚伪的赞美罢了

C. 一小时之前——你只是为了摆脱那个烦人的同事而不得不为之

12. 如果有机会，大多数人还是乐于帮助别人的。这个观点你（　　）。

A. 非常不认同　　B. 觉得有些道理　　C. 非常认同

13. 人们表面上互相关心，实际上却并非如此。这个观点你（　　）。

A. 非常不认同　　B. 觉得有些道理　　C. 非常认同

14. 如果希望别人做好一件事，就必须反复交代并密切监督。对于这个观点，你认为（　　）。

A. 说得非常对

B. 大多数情况下确实如此

C. 一般情况下没有这个必要

15. 当今社会里，无私的人太可怜了，因为有那么多人在算计他。这个观点你（　　）。

A. 非常不认同　　B. 觉得有些道理　　C. 非常认同

以上回答中，单数题选 A 得 3 分，选 B 得 2 分，选 C 得 1 分；双数题选 A 得 1 分，选 B 得 2 分，选 C 得 3 分。计算你的总得分。总分大于 40 分，说明你的诚信度比较高；总分低于 20 分，说明你的诚信度有待改善。

知识解读

党的十九大报告指出，要推进诚信建设，强化社会责任意识、规则意识、奉献意识。近年来，国家出台《社会信用体系建设规划纲要（2014—2020 年）》《国务院关于建立完善守信联合激励和失信联合惩戒制度加快推进社会诚信建设的指导意见》《关于推进诚信建设制度化的意见》等多部文件，大力推进诚信建设。诚信，是中华民族的传统美德，是中华优秀传统文化的重要组成部分，也是社会主义核心价值观的重要内容。在《现代汉语词典》中，“诚信”的含义是“诚实，守信用”。诚信两字的字面意思是：言成即诚，人言为信。诚实就是真实无欺，既不自欺，也不欺人；守信就是重诺言，讲信誉，守信用。诚实和守信是统一的，做人应诚实为本，言行一致。

一、诚实守信，是正心修身、体现个人品德修养的根本特征

《二程遗书》卷二十五云：“学者不可以不诚，不诚无以为善，不诚无以为君子。修学不以诚，则学杂；为事不以诚，则事败；自谋不以诚，则是欺其心而自弃其志；与人不以诚，则是丧其德而增人之怨。”诚信是做人的基本要求，是一个人必备的道

德素质。一个人如果没有诚信的品德和素质，不仅难以形成统一、完备的自我，而且很难发挥自己的潜能并取得成功。

二、诚实守信，是立身处世、赢得别人尊重和信任的重要前提

孔子说："人而无信，不知其可也。大车无輗，小车无軏，其何以行之哉！""言忠信，行笃敬，虽蛮貊之邦行矣。言不忠信，行不笃敬，虽州里行乎哉？"他认为一个不讲诚信的人，就像车子没有关键部件一样，是一步也不能行走的，也丧失了做人起码的资格，是不能在社会中立足的。诚信是人际交往的基础，是处理人与人、人与社会关系的最起码的要求。现代社会人际关系已成为事业成功的一种重要资源，人只有诚实守信才会有持久的人际关系和良好的人际交往，只有诚信才能赢得别人的信赖，得到别人的理解和支持，易于与他人合作，增加获取成功的机会。

经典的"狼来了"的寓言故事，就非常形象生动地阐述了诚信的重要性。从前，有个放羊娃，每天都去山上放羊。一天，他觉得十分无聊，就想了个捉弄大家寻开心的主意。他向着山下正在种田的农夫们大声喊："狼来了！狼来了！救命啊！"农夫们听到喊声急忙拿着锄头和镰刀往山上跑，他们边跑边喊："不要怕，孩子，我们来帮你打恶狼！"农夫们气喘吁吁地赶到山上一看，连狼的影子也没有！放羊娃哈哈大笑："真有意思，你们上当了！"农夫们生气地走了。第二天，放羊娃故伎重演，善良的农夫们又冲上来帮他打狼，可还是没有见到狼的影子。放羊娃笑得直不起腰："哈哈！你们又上当了！"大伙儿对放羊娃一而再再而三地说谎十分生气，从此再也不相信他的话了。过了几天，狼真的来了，一下子闯进了羊群。放羊娃害怕极了，拼命地向农夫们喊："狼来了！狼来了！快救命呀！狼真的来了！"农夫们听到他的喊声，以为他又在说谎，大家都不理睬他，没有人去帮他，结果放羊娃的许多羊都被狼咬死了。

三、诚实守信，是明德笃行、实现职业发展的基本要求

微软公司在用人时非常强调诚信："我们只雇用那些值得信赖的人。"微软公司列出的对员工期望的"核心价值观"，诚信被列为第一位。作为第一的"核心价值"，诚信是微软公司对员工最基本的要求。诚信是事业大厦的基石，只有站在这块基石上，职业人士才能取得成功。反过来，如果你在一件小事上骗了别人一次，那么别人就会在其他事情上怀疑你，甚至会对你整个人产生不信任。很多成大事者靠的就是获得他人的信任，在职场生涯中没有信任就会失去相互交往的前提，就会失去携手合作的基础。聪明人往往懂得诚信是提高自身竞争力的源泉。不讲诚信、目光短浅、只顾眼前利益的人最终将会受到惩罚而一事无成。

李开复"给大学生的七封信"的第一封信的标题就是"坚守诚信、正直的原则"。

坚守诚信、正直的原则

我在苹果公司工作时，曾有一位刚被我提拔的经理，由于受到下属的批评，非常

沮丧地要我再找一个人来接替他。我问他："你认为你的长处是什么？"他说："我自信自己是一个非常正直的人。"我告诉他："当初我提拔你做经理，就是因为你是一个公正无私的人。管理经验和沟通能力是可以在日后工作中学习的，但一颗正直的心是无价的。"我支持他继续干下去，并在管理和沟通技巧方面给予他很多指点和帮助。最终，他不负众望，成为一个出色的管理人才。

与之相反，我曾面试过一位求职者，他在技术、管理方面都相当出色，但是，在谈话之余，他表示，如果我录取他，他可以把在原来公司工作时的一项发明带过来。随后他似乎觉察到这样说有些不妥，特作声明：那些工作是他在下班之后做的，他的老板并不知道。这一番谈话之后，对于我而言，不论他的能力和工作水平怎样，我都肯定不会录用他，原因是他缺乏最基本的处世准则和最起码的职业道德："诚实"和"讲信用"。如果雇用这样的人，谁能保证他不会在这里工作一段时间后，把在这里的成果也当作所谓"业余之作"而变成向其他公司讨好的"贡品"呢？这说明，一个人品不完善的人是不可能成为一个真正有所作为的人的。

在美国，中国学生的勤奋和优秀是出了名的。曾经是美国各名校最欢迎的留学生群体，而最近却有一些变化。原因很简单，某些中国学生拿着读博士的奖学金到了美国，可一旦找到工作机会，他们就会马上申请离开学校，将自己曾经承诺要完成的学位和研究抛在一边。这种言行不一的做法已经使得美国一部分教授对中国学生的诚信产生了怀疑。应该指出，有这种行为的中国学生是少数，然而就是这样的"少数"，已经让中国学生的名誉受到了极大的损害。另外，目前美国有些教授不愿理会部分中国学生的推荐信，因为他们知道这些推荐信根本就出自学生自己之手，已无参考性可言。这也是诚信受到损害以后的必然结果。

我在微软研究院也曾碰到过类似的问题。一位来这里实习的学生，有一次出乎意料地报告了一个非常好的研究结果。但是，他做的研究结果别人却无法重复。后来，他的老板发现，这个学生对实验数据进行了挑选，只留下了那些合乎最佳结果的数据，而舍弃了那些"不太好"的数据。我认为，这个学生永远不可能实现真正意义的学术突破，也不可能成为一名真正合格的研究人员。

最后想提的是一些喜欢贪小便宜的人。他们用学校或公司的电话打私人长途、多报销出租车票。也许有人认为，学生以成绩、事业为重，其他细节只是一些小事，随心所欲地做了，也没什么大不了的。然而，就是那些身边的所谓"小事"，往往成为一个人塑造人格和积累诚信的关键。一些贪小便宜、耍小聪明的行为只会把自己定性为一个贪图小利、没有出息的人的形象，最终因小失大。中国有"勿以恶小而为之"的古训，很值得记取。

四、诚实守信，是金融行业从业人员必须遵守的根本准则

金融行业由于其特殊的性质，从产生伊始就和信用相伴相生，诚实守信是金融行业职业道德的核心。坚守诚信的道德品质，既是从业人员的基本责任，也是维护金融企业品牌、形象和信誉的基本要求。金融企业对于员工违反诚信原则的行为，一般坚

持“零容忍”的态度。银领学院某银行订单班就发生了一件真实的事情，在5月份签订就业协议前的职业技能测试中，个别同学由于重视程度不够，技能测试不及格而面临被淘汰危险。在接下来银行组织的补考中，有同学找了同班同学代考，被银行发现后，两位同学立即被退班。银行人力资源部负责人给的反馈是，如果补考不及格，还可以再给机会，但是一旦作弊，就是不诚信行为，必须淘汰。而那位替考的同学，也因此丢了工作，后悔莫及。

五、要努力成为诚实守信的人

《新时代公民道德建设实施纲要》提出，诚信是社会和谐的基石和重要特征，要继承发扬中华民族重信守诺的传统美德，弘扬与社会主义市场经济相适应的诚信理念、诚信文化、契约精神，推动各行业各领域制定诚信公约，加快个人诚信、政务诚信、商务诚信、社会诚信和司法公信建设，构建覆盖全社会的征信体系，健全守信联合激励和失信联合惩戒机制，开展诚信缺失突出问题专项治理，提高全社会诚信水平。

诚信品格是个体后天养成的，是个人与社会、心理和行为的辩证统一。如果说“诚”强调的是个人内心信念的真诚，是一种品行和美德，那么“信”则是“诚”这种内在品德的外在化显现，是一种责任和规范。在中国历史上，就有“诚于中而信于外”的说法。诚信不仅是一种道德目的，是人们应当具有的一种信念，而且也是一种道德手段，是人们应当承担的一种社会责任和谋取利益的方式。成为诚实守信的人，需要树立正确的人生观、价值观、利益观，培养诚信意识，践行诚信行为。习近平总书记曾强调指出，对突出的诚信缺失问题，既要抓紧建立覆盖全社会的征信系统，又要完善守法诚信褒奖机制和违法失信惩戒机制，使人不敢失信、不能失信。对见利忘义、制假售假的违法行为，要加大执法力度，让败德违法者受到惩治、付出代价。诚信品格的培养要求我们在不断的自我反省中守住自己的本心，在将心比心、推己及人的前提下待人以诚、取信于人。

案例分析

中秋节为员工家人准备月饼是阿里巴巴集团公司的传统，每位员工都能分到一盒。2016年的月饼因为造型可爱，特别受到大家欢迎，不少员工希望再多买几盒送给亲朋好友。为此，公司行政部决定将为数不多的余量月饼通过内网面向员工以成本价销售，并临时开发了一个内部预订页面，在公司内部展开“中秋抢月饼”活动。为了能够“抢”到月饼，阿里巴巴集团安全部4位员工和阿里云安全团队的1位员工，用编写脚本代码方式，“抢”到了133盒月饼的购买资格。

针对此次参与“使用脚本代码秒杀月饼”的员工，阿里巴巴集团作出全部劝退的决定。参与决定的包括阿里巴巴董事局主席马云、CEO张勇等多位核心管理层人员。阿里巴巴集团首席人力官蒋芳于14日发布公开信，称“这不是一个容易作出的决定，但必须要坚信正确的方向和公司文化”。阿里巴巴在9月13日下午的官方回应中曾表示，这几名员工使用工具作弊触及了诚信红线。

当事人是这么描述事情经过的：“9月12日14:00听说开始秒杀月饼了，中秋想去一个亲戚家，公司发的月饼送人了，于是想秒一个。刚开始用手点发现打开就没了。看了下有人用程序刷，于是我和旁边同事说，我也得写个脚本，要不然抢不到了，于是写了一段脚本，如果按钮变成了秒杀就狂点（和12306抢票插件类似），然后处理下验证码。写了个定时器抢16:00的那一批。由于之前没进入过付款页面，以为和正常的秒杀页面一样，抢到了就会跳转到支付，所以完全没放在心上就去工作了。结果到16:00一看傻眼了，那个页面秒杀可以一直点然后不跳转！我看了下一共抢了16个（都没付款），然后赶紧给行政打电话说要退，这个我周围的同事都可以作证。后来的事情也是猝不及防，16:30约谈，17:30解约合同就备好了，18:00走人。”

课堂讨论：

（1）这五名员工为什么会出现不诚信行为，其问题的思想根源是什么？

（2）对于这一事件，你的态度是什么？如果你是公司老板，你会开除这几名技术骨干吗？

诚实守信首先要作为基本的观念根植内心，凡事不产生弄虚作假、投机取巧的念头，就不会在具体的事情上掉以轻心，导致错误的发生。“虽然这样做不诚信，但是大家都这么做，应该不会有问题，不然我就吃亏了”的从众和不愿吃亏的心理，是少部分人给自己不诚信行为找的自我安慰的借口。不会被发现的侥幸心理，也是少数人诚信观念淡薄、敢于以身试法的重要原因。坚持诚信原则、坚守忠诚内心，才能成为守信践诺、以诚立身的诚信价值理念的坚定守护者、社会主义核心价值观的模范践行者。

思考训练

某银行将客户经理分成团队管理，业绩每月排名。其中有一个团队非常厉害，连续出现在排行榜上，受到通报表扬、升职加薪。突然有一个月，排行榜上没有了这个团队的名字，原来该团队采用弄虚作假的行为开展业务才取得了优秀业绩，现在被银行发现了，团队全体成员受到开除处理。

请结合诚信原则对本案例进行分析，谈谈自己的体会。

投机取巧、弄虚作假，也许可以一时得逞，甚至得到表扬和提拔，但是，纸终究包不住火。一些同学的考试作弊、作业抄袭等不诚信行为，就是因为不能坚守脚踏实地做事、老老实实做人的原则，看到其他人在投机取巧中获得好处且没有受到处罚，也就跟着去做了，最后只能自食苦果。

学习借鉴 | 诚信第一，信誉至上

实习周记：今天有个客户说她2011年买的保险到期了，要来退保。然后给她查出来的分红和利息跟她买的时候讲好的有很大出入，那时候让她买保险的经理和她说那个产品是保本保息的，每年都可以有700元的利息，结果拿到手相差了1 000多元，而且这个客户今天还是特地从丽水大老远跑过来的，她就在大堂不肯走，说我们是骗子。刚巧今天大堂上班的是个实习生，也不是特别懂业务，就让那个客户自己去找保险公司，说这是保险公司的原因。然后那个客户就去保险公司了，结果保险公司的人推得一干二净说让她来找我们，客户回到银行就在大堂发飙，还打电话报警。警察很无奈地说这个事情也不是他们管得了的。这个客户还说要让我们给她报销从丽水来的路费，然后我们都很无奈。

教师点评：在实际业务营销时，部分客户经理为了自己的业绩和眼前的利益，采用欺瞒、夸大的不实之词招揽客户，而将诚信经营抛之脑后。但谎言总会有戳穿的一天，到那时付出的代价是惨痛的。这种涸泽而渔、焚林而猎的做法，确实需要高度重视并被严格禁止。对企业来说，信誉一旦丧失，再要重新树立就需要付出十倍的努力；对个人也是如此，诚信不是“傻帽”，而是一种品格、一种境界、一种大智若愚的大智慧。

课后提升

列出自己在日常工作、学习、生活中有可能发生的不诚信行为清单，逐一分析产生的原因，并给出改进的方案。

微课：诚实守信

案例：诚实守信

学习单元 4 优质服务

学习目标

理解优质服务的内涵和要领，树立优质服务的意识，提升优质服务能力，养成亲切、热情、主动、积极、真诚的优质服务素养。

情境导入

2019 年万人评议金融业服务满意度大考启动。2019 年 5 月 16 日，备受关注的一年一度温州金融业服务满意度大考启动，全市 29 家银行机构、21 家保险机构纳入万人评议。与往年不同的是，此次评议将是否助力民营企业融资纳入考核关键，是否助力护航“两个健康”、是否推进民营企业“融资畅通工程”、是否严格执行优化营商环境被纳入评议重点。经过综合考核，排名前三为农业银行温州分行、邮储银行温州市分行、兴业银行温州分行。“只微笑不服务”“有事办不了、有事慢慢来”，在动员会上，2018 年度的考核结果公布，不少金融机构因为消极服务上了“黑榜”，有银行和保险公司因在考核中表现不佳，做整改表态发言。

据搜狐网 2020 年 3 月 16 日消息，十大行业满意度，金融服务业排第一。从各行业总体满意度指数来看，金融服务业、快递服务业、电梯维保业、旅游服务业总体满意度高于十大行业平均水平，其中金融服务业最高。金融服务业整体满意度指数得分为 82.1，消费者最关注该行业的“产品 & 服务质量”和“行业诚信度”，目前这两个指标得分相对较高，分别为 80.9 和 83.9。但是，消费者对“产品 & 服务质量与预期差距”的评分相对偏低，为 79.2，未来还有一定提升空间。

优质服务对金融企业的生存和发展具有至关重要的作用，金融企业间的竞争要靠服务的质量和效率取胜。如何树立正确的服务观，尊重客户的选择、关注客户的感受，站在客户立场帮助客户办理业务、解决问题，提升客户的满意度和忠诚度，是树立企业信誉、培养优质客户的关键。

资料来源：瓯网讯，2019-05-17；搜狐网，2020-03-16.

自我测试

请认真回答以下问题，“非常认可”选 A，“不好说”选 B，“不认可”选 C。

1.“客户是上帝”，微笑面对客户、服务好顾客是公司利益的需要，我努力做好客户服务只是因为自己的工作职责所在；

2. 心平气和地面对蛮不讲理的客户，不与他争辩，耐心地听完他片面甚至偏激的论述，我觉得既是优质服务的方法技巧，更是作为一名职业人的服务态度和境界；

3. 如果客户向我咨询不是我工作职责范围内的业务问题，我会委婉地拒绝，也没有义务主动帮助他联系负责该业务的同事；

4. 工作之余我会主动学习以提升我的业务能力，这样就可以更好地帮助客户解决问题、提升服务品质；

5. 公司要求经常把微笑挂在脸上，但我因性格原因很难做到，再加上工作压力这么大、任务这么繁重，公司的要求有些强人所难；

6. 工作中如果我每月都有数次机会接触聋哑顾客，我会利用下班时间去学习手语，以便更好地与他们进行交流；

7. 当与客户出现意见分歧时，我觉得需要和他辨明是非，也许过程不太友好甚至会引发冲突，但我也不能让步，因为这不是服务好与坏的问题，而是事关对与错的问题，不能有丝毫妥协；

8. 答应客户的事情，我会努力做到，哪怕需要用到工作之外的时间和个人额外的资源；

9. 当被客户指责甚至辱骂时，如果我认为事情的主要责任不在于我、客户明显是无理取闹时，我会毫不犹豫地当面指出他的问题，要求他改正甚至赔礼道歉，而没有必要委屈自己；

10. 服务客户时我首先是期望得到他的认可，成为他值得信赖的朋友，而不是先计算着可以从他这里获得多少收益；

11. 即使我发现公司虚假宣传、误导客户消费，今后可能会造成客户的损失，但是为了公司利益和完成自己的业务指标，我也会努力将产品推荐给客户；

12. 做到优质服务，仅仅有微笑的态度是不够的，更重要的是要具备服务客户、帮助客户解决问题的能力；

13. 服务农民工、老年人、残障人士等社会弱势人员需要付出更多的时间与精力，但是获得的收益却相对较少，遇到这样的客户产生抗拒心理，态度上自然就不好，我觉得这是人之常理，是可以理解的；

14. 比获得好的工作业绩更加让我自豪的，是我有一大批信任我的客户，因为这是对我真诚的态度、优质的服务的肯定；

15. 那些为了将假冒伪劣保健品推销出去，而为老年客户洗脚、称呼他们为父母的推销员，可以称为优质服务的典范员工。

以上回答中，单数题选 A 得 1 分，选 B 得 2 分，选 C 得 3 分；双数题选 A 得 3 分，选 B 得 2 分，选 C 得 1 分。计算你的总得分。总分大于 40 分，说明你对优质服务的理解很深刻；总分低于 20 分，说明你对优质服务的理解有待改进。

知识解读

无论是柜员、客户经理还是电话座席，我们今后从事的都是服务性岗位，提供优质服务是最基本的要求。每天大家的工作都很平淡，也很平凡，但要在平淡和平凡中做好、做得和别人不一样，不仅要从“被动服务”到“主动服务”，还要从“主动服务”到“感动服务”。

一、理解服务的内涵

服务是为他人利益或为某种事业而工作，以满足他人需求的价值双赢活动，是一种人与人之间的沟通与互动。

服务通常有下列几个层面：一是用利服务，利润至上，急功近利，目光短浅，甚至见利忘义，搞一锤子买卖。这种服务，会使个人发展受阻、企业做不大，是“低劣的服务”。二是用力服务，相当多的服务停留在“用力服务”层面，把服务当成一种简单的工作，不动脑筋，只管制度面前人人平等，哪管客人的感受，面对客人的正当要求，“对不起，这是我们的规定”成了最后的挡箭牌。制度是必要的，但以制度为由拒绝服务，就是“消极的服务”。三是用心服务，确实把服务当成心爱的事业，把客人当成心爱的家人，投入感情，细心精心服务，让客人舒心，最后达到双赢，这是一种“卓越的服务”。用心服务——用真心爱客人，用细心观察客人，用诚心打动客人，是服务的高级层面。

二、深化服务意识

服务意识是指企业全体员工在与一切同企业利益相关的人或企业的交往中所体现的为其提供热情、周到、主动的服务欲望和意识，即自觉主动做好服务工作的一种观念和愿望。它发自服务人员的内心，是服务人员的一种本能和习惯。这样的愿望的表现形式是：领导在与不在一个样，客人表扬与不表扬一个样，制度约束与不约束一个样。

（一）完美的服务意识之一——真诚

真诚就是真实诚恳，没有一点虚假。真诚是做人之本、立业之道。时刻为客人的利益着想，是真诚的具体表现。为客人的利益着想要求我们在服务中尽力为客人省钱，为客人节省时间，为客人的生命、财产安全考虑。

假如你是酒店服务员，客人已经住在酒店里并支付了费用，但是，酒店最近的折扣计划客人并不知道，你是告诉客人还是假装不知呢？告诉客人，酒店会损失一点金钱，可不告诉，这样的秘密能隐藏多久呢？客人如果有一天知道了这种情况，他可能就不再来这家酒店，酒店的损失将是长久的利益。

（二）完美的服务意识之二——感恩

感恩就是对别人所给的帮助表示感激。感恩是快乐之源，也是成功之道，要用感恩的心态为客人服务。不管你是一名修理工，还是一名会计，我们能有这份工作，是因为客人愿意为我们付费。如果你接受了别人的恩惠，不管是礼物、忠告或帮忙，都应该向对方表达谢意。

（三）完美的服务意识之三——标准化服务

要按照行业服务标准，在日常工作的过程中做到语言美、形象美、姿势美。

三、提升服务能力

服务能力是指为他人做事情、使他人受益的程度。要实现优质服务，就必须重视提升自身的服务能力，并重点做好以下几个方面。

（一）提供人性化服务

提供满意服务的前提是我们的服务流程不仅要规范、合理、科学，更要让客人感觉方便和舒适，也就是体现人性化服务。

（二）缩短客户等待时间

时间是客户的宝贵财富，也是影响服务体验的重要因素。提供快速、高效的服务，缩短客户等待时间，体现的是服务的效率，是提升客户满意度的关键指标。

（三）提供无缝隙和无差错服务

无缝隙和无差错服务，体现的是服务的质量。在日常工作中，需要通过提高业务水平，细心、耐心、用心服务来保证服务质量，避免矛盾纠纷。

（四）提高沟通能力

有效的沟通，既有利于服务的高效开展，也能让客户身心愉悦，感受到被理解、被尊重，拉近彼此之间的距离，从而大大提升服务的品质。学习沟通技巧、提升沟通能力，是对服务人员的基本要求。

（五）关注服务的最终结果——解决客人的问题

经常听到这样的抱怨：我们已经尽了最大努力了，但有些事情不是我们能够解决的，只能这样了。真的尽力了吗？尽力了就应该能够解决客人的问题，退一步说，尽力了却不能解决客人的问题，那就是根本没有解决这一问题的能力。

牙疼去看医生，医院的环境很好，医生的态度很好，护士也对你微笑，开始你挺快乐也挺满意，可是就是治不好你的病，你会因为表面的服务效果而理解他们吗？你是留下来继续忍受牙疼的折磨还是另选名医呢？所以，关注服务的最终结果，解决客人的问题，使我们的服务不仅让客人满意而且有效。

四、掌握服务技巧

（一）不与客人争对错

规则一：客人总是对的。

规则二：如果客人错了，参照规则一。

服务的本质是对客人的服从，服从是服务业员工的天职。所谓“有理是训练，无理是磨炼”，无理都能接受，有理怎么会不服从呢。为了提高服务水平，我们员工应提高自己的角色认知能力，在为客人服务时，服务的提供者永远不可能与客人“平等”，这样的不平等被服务大师定义为“合理的”不平等，因为客人是付钱的消费者，而我们是收钱的服务者。正确的服从理念：客人永远是对的！

（二）服务热情不过度

既要表现出热情、周到、体贴，更要表现出善解人意，为客人提供一定的自由度。

（三）投其所好

“投其所好”是服务的白金法则。其精髓就在于“别人希望你怎样对待他们，你就怎样对待他们”，其本质是以客人为中心，满足客人消费需求，为客人创造价值，即服务满意 = 提供的服务 ≧ 客人对服务的期望值。

案例分析

冯洁2008年毕业于浙江金融职业学院银领学院，现就职于渤海银行杭州分行，先后荣获分行“服务明星大堂经理”和“优秀员工”、2014年度“浙江省金牌理财师”、渤海银行总行“十佳大堂经理”、中国银行业协会明星大堂经理“魅力之星”、2016年度浙江省金融青年服务明星、2017年全国金融青年服务明星等多项荣誉。一个个成绩、一声声好评的背后，是她放弃休息勤学苦练的背影，是她设身处地为客户提供细节服务的背影，是她默默付出、力所能及地奉献爱心、投身公益的背影。银行有一种说法，大堂经理对外是网点的“代言人”，对内是大堂的“大管家”，同时又是“消防员”和“救护员”。也就是说，大堂经理肩负着一个营业网点非常重要的职责。大堂经理直接和客户交流，是客户对银行的第一印象。因为要协助客户办理业务，所以大堂经理要熟悉所有业务的相关知识，甚至要协助柜员处理业务，亦是一个全知全能的角色。冯洁转岗到大堂经理的岗位上，等待她的是所有业务的培训，接收的信息量是之前担任柜员时的两三倍。虽然学习难度大，但她认为“只要用心不会太难”，她虚心向每一位老员工求教，积极参加行内相关业务培训，坚持每日自学专业书籍。通过不懈努力，她先后考取了会计从业、银行从业、基金从业等证书，获得理财、证券、基金等多种业务销售资格，获得AFP、CFP理财师资格，考取了中国银行业协会高级财富管理师证书，为客户提供更专业的理财服务。在工作岗位的实践中，冯洁发现，心理咨询和与客户沟通交流有相通之处，同时对自身的心理建设也有好处。为了更好地服务客户，2018年初，利用工作之余的时间，冯洁自学了心理学的相关知识，并考取了国家三级心理咨询师证书。渤海银行杭州分行坐落于省残联旁边，常有残障人士前来办理业务。有一些残障人士是独自前来的，向冯洁咨询的时候用了手语。为了更好地为残障人士服务，冯洁利用空余时间自发考取了初级手语证书，还带领同事一起学习。冯洁说：“无论领域多么陌生，只要有能力做的业务，我都会从零开始学习，然后发挥自己的能力去做。”

通过分析冯洁的案例及每位优秀职业人的成功经验，我们发现，要做到优质服务，需要具备以下条件：一是优质服务的思想意识与工作态度；二是注重职业形象、文明礼仪；三是精湛的职业技能；四是熟练的业务能力；五是超群的沟通交流水平。冯洁始终牢记“以客户为中心”的服务宗旨，为了提高服务能力，在工作之余主动学习专业知识、学习心理学、学习手语、参加社会公益活动，以良好的职业操作、过硬的专业素质、热情的服务态度，赢得了客户的高度评价，成为全国金融青年服务明星。

思考训练

在一个学校旁有好几家豆浆店，大部分的店家生意起起落落、时好时坏，但有一家生意特别兴旺，每天客人川流不息。经过细心的观察，原来这家店生意特别好是有原因的。

一般豆浆店卖的甜豆浆只加白糖，但这家店却提供三种不同的糖供顾客选择。第一种是白糖，和其他几家并无不同；第二种是具有滋养喉咙和保护声带功用的冰糖，这是为在附近教学的老师贴心准备的；第三种更绝了，由于学生也是该店的主力客人，而学生们喜欢新奇，所以店家特别针对他们的特点准备了红糖。加进红糖后，整碗豆浆都是黑黑的，别有一番滋味，学生们戏称为“巧克力豆浆”。除此之外，这家豆浆店的老板和服务员对客人的姓名都能熟记于心，每一次顾客光顾的时候他们都会亲切招呼，同时还为老顾客准备一些赠品，例如浮在豆浆上的豆皮，店老板特地捞起来送给年纪较大的老客人，让他们带回去作为营养品；磨豆浆剩下的豆渣则送给主妇们，并教他们带回去用酸菜煎炒，做成一道可口又下饭的佳肴。

所以这家豆浆店每天门前熙熙攘攘，每个人都忙得不亦乐乎，至于其他店，简直是门庭冷落车马稀，形成强烈对比。

故事中的豆浆店为什么能赢得顾客盈门？今后在自己的岗位中如何做到优质服务？

学习借鉴 | 微笑接通每一次电话

实习周记：工作时间 8 小时，我每天的总呼出量为 200 条左右，有效呼出总量在 80 条左右，每次通话时长在 2 ～ 3 分钟。一个月下来我需要和最少 2 400 个不同的客户通电话，我们都需要用带有微笑的声音说“您好 ×× 先生（女士）……”。你无法了解客户接起电话时对你的态度，不知道他会提出什么样的问题。面对形形色色的人，各种不同的态度我都必须接受：有的人接起电话就挂；有的人开口就是骂人；有的人态度很好，会因为电话里我们的声音开始沙哑说小姑娘多喝点水、休息会儿，你们这样打电话也很累的……可是我明白这是我的工作，无论客户的态度怎么样我都要用微笑服务对待每一位客户，尽量帮助他们解决一些我可以解决的问题，希望他对我们的服务满意。其实每个愿意接电话的客户对我们来说都是一次机会，我也相信每个客户都是有感情的，可能第一次打电话时他们会比较敏感比较谨慎，但是当我打第二次电话的时候记得他们的需求，做到一个有效的沟通，他们一定愿意接受我的服务与产品。

教师点评：面对客户就是我们的工作，能微笑面对客户，就是微笑地面对工作，你能有这样乐观而积极的心态，非常难得。客服工作着实不易，有很多委屈与苦衷，但同时也锤炼了自己的承受力、抗压力和解决问题的能力。在工作中能保持积极乐观的态度，能秉持彬彬有礼的尊重原则，能提供周到纯熟的业务信息，你就会最大程度地赢得客户的尊重、信赖与诚意。继续加油吧，在工作的磨炼中，你将会收获更多！

课后提升

结合对优质服务的理解，举出一个你日常生活中遇到的优质服务的案例，并分析让你印象深刻的原因和给你的启示。

微课：优质服务　　　　案例：优质服务

学习单元 5 遵章守纪

学习目标

理解遵章守纪对于金融行业从业人员的重要意义，增强法治意识，树立法治观念，形成遵纪守法的高度自觉性，培养与违法违规行为作斗争的责任感与使命感，保障职业生涯行稳致远。

情境导入

2020 年 2 月 25 日，《国际金融报》记者从有关渠道获悉，为进一步完善银行业保险业从业人员金融违法犯罪预防工作机制，防控银行保险机构案件风险，促进银行业保险业健康发展，银保监会于近日向各银行保险机构下发了《关于预防银行业保险业从业人员金融违法犯罪的指导意见》。指导意见着重提出，信贷业务领域、同业业务领域、资产处置领域、资产管理业务领域、信用卡业务领域、现金管理领域、保险业务领域、第三方合作领域、金融市场领域、洗钱和恐怖融资领域、信息科技领域等 11 大重点领域的金融违法犯罪应着重防范。指导意见还向各银行保险机构强调了几大原则：坚持健全长效机制和短期重点惩治并重；坚持内部管控、外部监管和行业自律三管齐下；坚持金融监管部门和监察机关，公安机关和司法机关联动协调，形成防范打击合力。

蒙格斯智库和珠江元知研究院联合发布的《蒙格斯调查之三：中国银行业案件调查报告（2019 年版）》指出：近年来，银行业大案、要案频发，即使是四大国有银行也无一幸免，金融风险滋长，处罚案件数量于 2018 年达到高峰，合计 4 133 件，且银行业案件呈现出“案件复杂多样”“侦破时间较长”“罚没金额较高”等特点，直接地影响到了当地民众甚至是金融体系的金融安全。虽然 2019 年多项银行业案件数据指标均出现缓和，银行案件防范工作取得了一定的成效，但仍有新的问题显现，如员工的处罚案件占比已跃升至第一位，贷款审核不到位案件数增长至第一等。报告提出了建立完善的内部控制制度、建立健全操作风险评价和考核体系、避免指标化和一票否决制、规范业务流程、加强内控管理技防和物防能力建设、加强员工合规教育、重视审慎经营、建立完善的惩戒机制等 10 条建议。

金融行业的违法犯罪问题，一直受到国家和监管部门的高度重视，也得到社会的广泛关注。即将成为金融行业从业人员的我们，必须紧绷遵章守纪这根弦，坚决不碰违法违规的高压线。

自我测试

你的遵章守纪意识、法治观念如何？请认真回答以下问题进行测试。

1. 你认为自己的法治意识、法治观念（　　）。

A. 非常强，痛恨违法犯罪行为，不仅自己绝对不会做，有机会一定会与违法犯罪行为作斗争

B. 还可以，相信自己不会做违法犯罪的事情

C. 尚可，违法犯罪的事情一般不会去做，偶尔违反一些规章制度会有可能

2. 对于金融系统发生的违法犯罪问题，你认为最主要的原因是（　　）。

A. 社会风气不好，带坏了金融行业从业人员

B. 教育和惩罚力度不够

C. 相关人员自身的法治意识、法治观念淡薄，不能坚守底线

3. 你对过马路闯红灯的看法是（　　）。

A. 违反交通规则，不闯

B. 如果有别人闯，我也会跟着闯

C. 信号灯无所谓，没车就能过

4. 对于单位的内部规章制度，如果不太合理影响工作效率的，执行时可以不要那么严格，偶尔违反一下也是可以理解的，你对此观点（　　）。

A. 非常赞同，规定是死的人是活的，没有必要因为规定影响了工作的开展

B. 持保留意见，毕竟是违反规章制度，还是严格执行比较好

C. 坚决反对，既然是规章制度，就应该严格执行

5. 对于违法违规行为的选择，你的标准是（　　）。

A. 即使有再大的利益诱惑，也坚决做到遵章守纪

B. 除非情况非常特殊，如特别大的诱惑或受到胁迫威胁，一般情况下都应该做到遵章守纪

C. 需要权衡利弊，如果利益远远大于风险，偶尔违规违纪也是可以考虑的

6. 单位领导要求你进行违反规章制度的业务操作，你的态度是（　　）。

A. 既然是领导的要求，我就得不折不扣去做，反正出了问题也是领导的责任

B. 视情况而定

C. 坚决不执行，并向领导解释该操作违反了制度规定，积极劝阻领导的违规行为

7. 单位组织开展违规违纪警示教育，你的态度是（　　）。

A. 积极参加，可以从中吸取经验教训，提高自己遵章守纪的意识和水平

B. 视情况而定，有时间就参加，多学点总是好的，虽然对我意义不大

C. 能不参加就不参加，我相信自己能够做到遵章守纪，不会像他们那样犯错误

8. 有报道称，某银行支行原三级业务员夏某侵占客户资金，在为客户办理转账业务时形成长款 600 元，夏某将 600 元带离营业场所，客户前来咨询转账资金未到账时夏某仍未如实说明情况，为此夏某被给予行政开除处分。对于银行的这一处理决定，你的观点是（　　）。

A. 开除处分有点小题大做，毕竟才 600 元这么小的金额，赔偿损失、批评教育就可以了

B. 应该处理，但是开除处分过于严重了

C. 处理得当，对于类似违规违纪行为应该从严查处

9. 对于金融系统工作人员，下班之后偶尔参与赌博活动，虽然知道这是违法行为，但是只要不影响正常工作，单位就不应该处理。对于这种观点，你的态度是（　　）。

A. 坚决反对　　　　B. 有些道理　　　　C. 赞成

10. 张某在报销一叠发票时，把其中一张金额为 50 元、领导已经签好字的单据弄丢了，于是重新填写了一张单据，并模仿领导签字后提交财务，对于张某的这一做法，你的观点是（　　）。

A. 要是我也会这么做，原来的单据领导已经签过字了，说明领导已经同意了，自己弄丢了单据再去找领导补签，不仅麻烦领导，还会给领导留下我办事不可靠的不良印象

B. 视情况而定，金额不大可以考虑这么做，毕竟为了几十元去麻烦领导也不太好

C. 坚决不行，违反规定的事情一定不能做，与金额大小无关

11. 凡是与职务相关的事情，都应该保密。对于这一规定，你的观点是（　　）。

A. 完全认同，不折不扣执行

B. 视情况而定，如果可以帮到关系紧密的人，可以适当透露一点给他

C. 如果可以换取较大的利益而不被发现，适度违规也未尝不可

12. 银行在办理业务的过程中，需要填写很多信息、签很多字、经过很多流程，常常有客户发牢骚、抱怨。你对此的观点是（　　）。

A. 确实是有问题，为了避免极小概率发生的风险，而让每一位客户都履行这么烦琐的程序，没有必要

B. 可以适当简化，对于发生问题概率非常小的签字流程，可以忽略或者让经办人员代签

C. 还是需要严格按规定执行，所有的流程都是防范风险所必需的，不能因为发生概率小就降低要求

以上回答中，单数题选 A 得 3 分，选 B 得 2 分，选 C 得 1 分；双数题选 A 得 1 分，选 B 得 2 分，选 C 得 3 分。计算你的总得分。总分大于 30 分，说明你遵章守纪意识很强；总分低于 15 分，说明你遵章守纪意识观念有待加强。

知识解读

遵章守纪，包括遵守国家的法律、法规、制度，以及遵守行业、单位的纪律和规范。遵章守纪，是每个公民的基本义务，是对每一位职业人的底线要求。金融行业由于其高风险的特征，无论是监管部门还是单位内部都对风险管理具有高度的敏感性，特别重视员工的遵章守纪意识教育，日常工作中业务操作流程严谨、内部控制制度严格、违规行为处罚严厉。刚走上工作岗位的大学生，不要以为自己是一线基层员工就可以放松警惕，要从起步阶段就牢固树立纪律意识、法治观念。

要做到遵章守纪，必须做好以下几个方面。

一、恪守工作纪律，培养良好的行为习惯

遵章守纪意识的培养要从日常做起、从小事做起。初入职场的大学生，往往不注重细节，容易把一些不良的行为习惯带到工作之中，如上班不准时、开会时聊天、营业场所吃东西、在岗时玩手机等，而正是这些微小的细节体现了一个人的工作态度、纪律观念和规则意识，折射出一个人是严谨认真还是自由散漫，也正是这些细节留下的第一印象塑造了自己在同事、领导心目中的形象。由于金融行业的特殊性，一些细微的违反工作纪律的行为可能会受到严厉的处罚。

二、严守制度流程，形成良好的工作规范

金融行业风险复杂多变，即使在基层一线的业务操作也存在诸多的风险点。为了尽可能堵住漏洞、规范流程、避免矛盾纠纷，金融行业对工作人员的业务操作有一整套严密的制度流程，有时也增加了工作的烦琐程度。但是，我们一定要清楚意识到，严格执行制度规范的目的是防范风险、管控漏洞，同时也是在保护自己。在工作中一定不能以信任代替规定、让权力超越制度，要提高自身的合规经营意识和制度执行力，形成良好的工作规范，更不能出于个人的目的去违反规则制度，走上违法犯罪的道路。

某省支行原一级业务员李某沉迷于网络游戏，资金短缺，为了充值，他以“抽张”的方式盗窃银行资金，累计“抽张”2 000 元，李某被给予行政开除处分。不良的爱好、法治观念的淡薄、行为的失控终于断送了李某的大好前程。

三、遵守法律法规，抵制诱惑严守底线

金融行业是一个经营货币商品的特殊行业，金钱的诱惑更为直接和强烈。每天和客户财富打交道的从业人员，需要树立正确的价值观、名利观，严守法律底线，警惕圈套陷阱。在日常工作生活中，要严格要求自己，特别是不要参与赌博、高利贷、非

法集资等活动，避免陷入其中无法自拔。2018 年 3 月，银监会发布《银行业金融机构从业人员行为管理指引》，2020 年 9 月，中国银行业协会修订了《银行业从业人员职业操守和行为准则》，对于刚参加工作的大学生，这些都要认真学习、严格遵守，其中需要重点提醒的有：自觉抵制并严禁参与非法集资、地下钱庄、洗钱、商业贿赂、内幕交易、操纵市场等违法行为，不得在任何场所开展未经批准的金融业务，不得销售或推介未经审批的产品，不得代销未持有金融牌照机构发行的产品，不得利用职务和工作之便谋取非法利益，未经监管部门允许不得向社会或其他单位和个人泄露监管工作秘密信息等。

王新大学期间因表现优异入党，研究生毕业后进入银行工作。因为社会经验不足、遵纪守法意识淡薄，受支行行长带头违规影响，王新盲目听从领导的指示，从最初的被动违规，发展到主动违法、违规操作，当支行行长因为非法集资和民间借贷东窗事发时，工作不到一年时间的王新也成为阶下囚。

案例分析 | “代销基金”的诱惑

2011 年 6 月，吴先生前往银行办理存款业务，在银行理财顾问沈某的极力推荐下购买了某基金，沈某通过银行计算机代吴先生操作购买了 9 万元基金，吴先生输入银行卡密码，但银行未与吴先生办理书面手续。4 个月后，吴先生得知该基金发生亏损，与银行发生争执。2012 年 7 月，吴先生将基金全部抛售，亏损达 24 000 余元，随后他向法院提起诉讼，要求银行赔偿其资金损失。法院最终判决银行赔偿吴先生损失 7 000 余元。

法院点评：网点众多的优势使得银行成为代销基金、保险等金融产品的重要渠道，银行作为第三方发行理财产品的代销方，向客户推介投资产品时，应了解客户的风险偏好、风险认知能力和承受能力，评估客户的财务状况，提供合适的投资产品由客户自主选择，并向客户解释相关投资工具的运作市场及方式，揭示相关风险。金融消费者作为具有完全认知能力的民事主体，则应对自身的投资行为风险承担合理注意义务。

课堂讨论：

银行的过错在哪里？如何在工作中避免类似问题？

思考训练

2014 年至 2016 年，某银行员工黄某利用其担任支行库管员，负责对支行库存现金的管理、对柜员现金的调剂、对尾箱进行调拨的职务便利，多次通过从自己管理尾箱对应的钱箱中盗走现金、虚假存入资金到个人账户的方式盗取银行资金，用于网上赌博，共计 601.75 万元，致亏损 549 万元，且通过调拨数据到其他尾箱的方式多次躲避银行工作人员的盘查。最终，由于拆东墙补西墙仍无力偿还后，黄某向公安机关自首。经法院判决，黄某被判处有期徒刑八年六个月，没收财产人民币 80 万元；并追缴黄某违法所得赃款人民币 601.75 万元，返还受害单位。

黄某走上违法犯罪道路的根源在哪里？从这一案件中，我们应该吸取哪些教训？

学习借鉴 | 合规、合法、诚信，重要性超过你的想象

实习周记：刚完成一次合规培训，周三单位就通报了一起违规事件，一名实习生在开户的时候向客户要了密码，其实该客户是他的同学，他只是想用同学的账号登一下后台，看一下软件有没有问题，并不认为有什么风险，也没觉得后果有多严重，结果在电话回访的时候被发现了，导致主管被记过，而且营业部也被处罚。这件事给了我一个深刻的教训，之前虽然知道不能向客户要密码，但是没有充分意识到事情的严重性。

教师点评：合规、合法、诚信是金融企业的生命线，刚走上工作岗位的同学可能很难真正理解严格执行工作纪律的重要性，即使在单位反复强调的纪律面前也表现得很随意、率性、满不在乎，可当事情一旦发生就已经酿成大错。因此，实习期间，我们不仅要学习业务知识、做事方法、沟通技能，而且要学习职业道德、工作纪律，深刻理解遵守工作规程的重要性，牢固树立纪律观念，守住底线，坚决不犯原则性的错误。

课后提升

学习《银行业从业人员职业操守和行为准则》，撰写心得体会。

职业心理素质篇

练习单元1　心智模式

学习目标

理解心智模式的含义，了解心智模式对于未来职场的影响，掌握完善自我心智模式的方法。

情境导入

你有没有发现这样的现象：同时毕业的大学生，二十年后一位是赫赫有名的企业家，而另一位还是默默无闻的小文员，主要影响因素是什么？

学生们关心：都是一所大学一个专业毕业的学生，为什么他能找到好工作你就不能呢？职员们想知道：都是坐在一个办公室一个部门的同事，为什么他能提升我就不能呢？

有人说，这很大程度上有运气的成分；也有人说，这跟他所处的年代有关；还有人认为，这跟他的家庭背景密不可分……我们都想知道，究竟是哪个因素在更大程度上决定着我们在未来职场上的发展成就？

请先看一位平凡的快递小哥的故事。

如果你看过《我是演说家》这个电视栏目，那么你很可能知道“快递哥”的故事。他年薪百万，并有幸在阿里巴巴上市的时候和马云一起敲响了纽约证交所的钟声。是什么成就他年薪百万？是什么支持他从一个农村娃成为一个快递公司的分公司经理？最初，他的梦想是走出农村，学门手艺，挣点儿钱，娶个媳妇。他的第一份工作是在酒楼做保安，每天午餐和晚餐前后，是他最忙碌的时候。其他时间做什么？他跑到厨房，帮师傅择菜；跑到后厨，帮服务员洗碗；下雨天，他举着伞，将客人一个个带进餐厅，不顾自己全身上下淋得湿漉漉的。经理发现了，问他：“你这样做是为了什么？”他坦言道：“就是希望能进厨房，学厨艺。”随后，他有机会进到厨房，开始学习他梦想的手艺，工资也从原来的每月600元涨到了750元。而后，他改行，开始做快递。那是快递行业刚刚起步的阶段，实行计件制，没有业务薪酬自然就很少。于是，他印了很多张名片，到处扫楼，主动介绍自己。两个月后，找他派送的快递多了起来。慢慢地，他的月薪达到3万多元。之后，他主动给老板写信“希望更多挑战，主管一个分公司”，老板同意了。凭着他的努力，分公司业绩从公司系统内倒数第二名上升到正数第一名。

问题思考与讨论：他是如何一步一步改变自己的命运的？

自我测试

了解自己→正确对待→职场发展

请根据自己的实际情况回答下列问题。用0表示完全否定；1表示基本否定；2表示说不准；3表示基本肯定；4表示完全肯定。

1. 你现在对自己抱有信心吗？
2. 当你情绪不好时，你会进行调节吗？
3. 你有明确的人生目标吗？
4. 你有业余爱好吗？
5. 对于生活中出现的问题，你能往积极乐观方面想吗？
6. 你经常进行体育锻炼吗？
7. 当事情没做好时，你也不因为此否定自己吗？
8. 你能以幽默的态度对待生活中的许多事情吗？
9. 你能不过分关注自己的心理困扰，而去做你该做的事吗？
10. 你的畏惧心理越来越少，胆量越来越大吗？
11. 你更多地关注自己的进步，而不和别人盲目比较吗？
12. 你能把学到的理论运用于自己的生活实践吗？
13. 你是否认为你应该对自己的人生负责，而不应归咎于父母等外界因素？
14. 你有可以相互交流、相互倾诉、相互帮助的朋友吗？
15. 当别人提出你不愿意接受的要求时，你是否敢于拒绝？
16. 你是否能理解别人和关心别人？
17. 你是否能安下心来专心做事？
18. 你对生活充满着热情而不是无聊消沉吗？
19. 你已明确了自己的长处和短处吗？
20. 你能保持着对外界的关注，而不是只盯着自己的心理症状吗？
21. 你对自己出现退步或反复能加以宽容吗？
22. 你能把生活安排得井井有条吗？
23. 你是否已不十分在意别人的看法？
24. 你是否已不拿一些无关紧要的事情来否定和考验自己？
25. 你的情绪基本上处于稳定和良好的状态吗？

总分达到：65分为及格；66～80分基本合格；81～95分为良好；96分以上为优等；低于65分则要引起注意，应进行积极心智调整。

知识解读

一、什么是心智模式

不知你是否意识到，你用来理解生活的固有模式也许正深深地把你限制在某种局限之中，影响了你正确认识自己与他人，阻碍了你潜能的发挥。

【阅读案例】　　《列子》疑邻盗斧

人有亡斧者，意其邻之子。视其行步，窃斧也；视其颜色，窃斧也；听其言语，窃斧也；动作态度，无为而不窃斧者也。俄而，掘其沟而得其斧。他日复见其邻人之子，其行动、颜色、动作皆无似窃斧者也。

问题：这说明什么问题呢？

分析：邻居并没有发生变化，“亡斧者”为什么会对他有两种截然不同的判断呢？因为，假设变了，思考分析问题的模式也会不同。这就是我们所说的心智模式的不同。

我们以为自己所观察到的世界，就是世界本来的模样，但事实上因每个人处理视觉、嗅觉、听觉、触觉等信息的能力不同，世界很多真实的信息会有所遗漏或者失真，因而每个人眼中的世界都会因心智模式的不同而有显著性的差别。

【阅读案例】　每天接收约34G的信息，信息太多了大脑要超载

美国一项最新研究显示，一名美国人平均每天要接收约34G的信息，相当于约10.05万个英文单词的信息量，34G的容量则相当于有些笔记本电脑硬盘存储量的五分之一。

接触信息太多使人注意力不够集中，深度思考能力受到影响。

加利福尼亚大学圣迭戈分校开展了一个名为“多少信息”的项目，研究美国人获取信息的情况。研究人员估算出，一名美国人每天从电子邮件、互联网、电视和其他媒体获取大约10.05万个单词的信息量，相当于大脑每秒接触23个单词。

研究人员认为，如此大的信息量给大脑带来压力，人集中注意力时间因此缩短。英国《每日电讯报》13日援引研究报告作者之一罗杰·博恩的话报道：“人们的注意力被分割成更短的一段段注意力。这不利于深度思考。”心理学家爱德华·哈洛韦尔说，一些人“忙于从各种渠道获取信息，而顾不得去思考和感受”。哈洛韦尔认为，这些人接触到的大量信息都停留在表面，“牺牲了深度思考和感受，变得把自己隔离起来，失去了与他人之间的联系”。哈洛韦尔说：“我们的大脑在人类历史上从未像今天这样需要处理如此多的信息。”

上述案例说明，如果我们将自己所接收到的每条信息都进行深加工，这将会耗费我们大量的资源。为了有更高的效率，大脑在处理感官所接收到的信息时，就像一个压缩软件那样，自动过滤信息，借助于大脑中已有的模式和假设，实现高效地认知与分析我们的环境。

我们已经习惯于以自己特有的心智模式定义我们所见的世界，并没有意识到世界或许会因为大脑在分析时会因为心智模式的自身漏洞而失真，甚至得出错误的结论。**我们看到的并不是现实的世界，而是我们自己心智模式定义下的世界。**

因此，学习分析自我的心智模式，加以反思并改进，能帮助我们发现自我的内心对于周围环境和自我的既有认知。

很多人并没有意识到心智模式对自己的过去、现在以及未来的发展会有什么样的影响。其实，心智模式就像一根魔法棒。如果你能及时发现自己心智模式的不足之处，能向优秀的心智达人来学习，那么这根魔法棒就能点亮你的生活，让你发现自己更多的可能。

二、心智模式的强大能量

优秀的心智模式能让你更好地挖掘自己的潜能，成就自己和他人的未来。

【阅读案例】

1968 年，哈佛大学的罗森塔尔博士和助手们来到一所小学，对这里的学生进行了一项“未来发展趋势测试”，随后将一份“最有前途的发展者”名单交给了校长和老师，叮嘱他们要保密，一定不能泄露给学生。罗森塔尔的测验结果准确吗？老师们不禁对这一份名单产生了怀疑，因为这份名单所包含的学生中，只有一小部分是那些平时成绩好、深得老师喜爱、看起来以后发展一定很好的学生，其他大多是成绩平平、表现一般，甚至还有些是令人头疼的“问题”学生。然而，八个月后，罗森塔尔对这一小学的学生又进行了测试，令人觉得神奇的是，出现在名单上的学生的成绩较没有出现在名单上的学生有了很大的进步，并且表现出了性格活泼开朗、自信心强、求知欲旺盛等积极特点。

为什么罗森塔尔的测验如此准确？

其实，罗森塔尔博士并没有对测试结果进行统计，他让助手随机给出了学生的名单，而这份名单却改变了老师的“心智模式”。老师对名单上的学生给予了更多的关注、更殷切的期待。例如：对于那些有些调皮、不按时上交作业的学生，老师以往认为，这小孩学不好，也不守纪律。当这个孩子的名字出现在名单中后，老师会认为，这个学生或许在其他方面有过人之处。老师态度的转变，孩子们都能感受到，他们也获得了支持感，孩子所出现的积极变化也就是自然而然的事了。

这就是心智模式的意义所在！心智模式得到恰当的调整，就会改变对他人和事件的认识，往更为积极的方面去认知和了解，从而增加了无限可能。

请问，在你的心智模式中，你认为自己是“好学生”还是“坏学生”？是“聪明的学生”还是“学习不良的学生”？你可以尝试着思考一下，当你的心智模式对自己持有这样的认知时，你真的认可吗？你用来理解生活的心智模式是推动你，还是把你限制在某种思维模式中，阻碍了你的发展？

【阅读案例】　　最大的限制来自你的内心

心理学家曾做过一个实验。他在桌上放一只跳蚤，在它的上方放一块玻璃，与它保持一定距离。心理学家猛拍一下桌面，跳蚤就跳起来了，一下撞到玻璃上了。

第二次，还是拍一下桌面，跳蚤学乖了，它跳得低了些，没有撞到玻璃。心理学家把玻璃放低一点，一拍桌子，跳蚤又撞到。到下一次拍桌时，它又跳低了一点。就这样，等到心理学家把玻璃放到几乎压到它的高度时，再拍桌子，跳蚤不跳了。这时即使移掉玻璃，拍桌子，跳蚤也不跳了，只是悠闲地在桌面上爬来爬去。跳蚤变成了爬蚤。

限制跳蚤的是有形的玻璃，还是在多次挫折、痛苦中头脑中形成的无形的玻璃？人也是一样的。在成长的过程中，我们难免会遇到挫折与困扰。为了保护自己，我们的心灵的保护机制给了许多禁止指令来制约我们行动，以避开那些危险的事情，如：不要与陌生人说话，不要走近水边，男孩子不能哭……这些限制，或来自父母长辈之口，或源于我们自身的经验。它们在形成的那个时候也许是有效的。但时过境迁，情况已经变了，可是限制性指令还是没有变化。而且，我们还聪明地学会创造更多的限制让自己免于“受伤”，免于去冒险，免于去行动，也免于去成功。

是这些限制让我们背离了我们内心深处想试一试的愿望，让我们的潜能蛰伏，让我们的力量沉睡，让我们的成长受阻，让我们看不到——我们是天生的强者！

我们常会听到一些人拿出种种借口来为自己的懒惰或胆怯作盾牌：“我年纪太大了，我没有学历，我没有能力……”真的是这样吗？年龄真的是障碍吗？学历是障碍吗？能力是障碍吗？

三、心智模式的作用方式

当每个个体在面对一个问题时，心智模式会基于头脑中先验的模型和假设给出我们认为最正确的答案，我们会以为自己、他人、世界，就是这个样子的。在这样的解释下，我们会有不同的情绪状态，行为受到好的或是坏的情绪的影响，自然会有相对应的结果出现。一个个结果累积多了就成为习惯。而后，习惯在个体面对问题时，又会再一次地加强先前的心智模式。最终，我们会发现，心智模式对自己、他人、世界的认知决定了自己的人生。

四、影响心智模式的相关因素

（一）家庭

父母对于孩子心智模式的影响是不可估量的，他们对孩子说的一句不经意的话，或许都会成为孩子终身发展的“魔咒”。记得一个朋友跟我分享过她儿时的一段记忆，她说：“小时候的某一天，我跟母亲去商城。母亲指着货架上商品的价格对我说，这是几元几角。说完后，又马上问，哪个是元，哪个是角。我当时可能没有很快回答，抑或是回答错了。结果，令我印象极其深刻的一幕出现了，我母亲非常大嗓门地朝我吼道：‘怎么连这么点东西都学不会？’这件事情发生了这么多年，我早已忘记了自己当时的年龄，但母亲的话语却深深烙印在我的心里。从那以后，我觉得自己学什么都不快，尤其是数学更是学不好。后续读书时的种种也再次印证了我母亲当时对我下的论断。”

在你的家庭中，你父母的哪些话语让你印象深刻？这些话语给你带来了积极还是消极的影响呢？

（二）学习经历

个体在学校所学的专业、所接受的各类训练都会影响心智模式。例如，学习营销专业或心理专业的学生，在分析问题时更容易体会对方的感受。

（三）他人的影响

一个学生在作业上这样写道：“我的好朋友是天生的乐天派。我原来总是很容易忧伤，愁眉不展，担心很多事情。但来到学校后，我看到我的好朋友在面对逆境或不顺心的事情时，经常会对自己说，没关系，即便失败也要积极向上。跟他待在一起的时间久了，我也觉得自己在看待问题时会学着像我朋友那样主动、进取、乐观。”

五、成熟的心智模式的特征

我们了解到心智模式是如此重要，甚至能够影响到未来的职业发展与人生路径。那么什么样的心智模式才算成熟呢？成熟的心智模式有以下特征。

（一）用积极乐观的心态看待一切

积极乐观是生活的基本态度，凡事更多地看积极的方面，往好处想。

【阅读案例】

一个记者采访爱迪生时问：“爱迪生先生，据说你发明电灯的过程中，总共失败了一万多次，最后才成功。”爱迪生的回答非常睿智：“我没有失败一万多次，我只不过是知道了一万多个行不通的方法。”没有人比爱迪生更加了解失败了。他曾经尝试了一万多次，才获得了一次成功。正是爱迪生的积极心智让他成为世界上少有的伟大发明家。

（二）对未来有美好的预期并为之奋斗

对未来有积极美好的预期，并持续为之奋斗，把所有的挫折和困难都看成是暂时的。

（三）能坦诚与人沟通，相互理解

坦诚非常重要，能够直言自己的感受和看法，维持自己的一致性，分享自己观点背后的假设，争取被人理解并积极理解他人。

（四）能积极地影响他人，获取支持

积极影响他人，善于找到与他人的结合点，获取必要的支持。

（五）自行负责

为自己负责，不把责任推向他人。

（六）能积极地肯定自己

肯定自己并持续改进自己，不断更新心智模式，追求人生的意义。

思考训练

培养积极的心智模式

1. 不说“我不行”，学会说“我能行”

成功总是与困难为伍的，要克服困难，我们就需要坚定的信念。信念是强大的精神力量，有了坚定的信念，我们就能精神振奋、克服困难。若无信念，一个人在困难面前就会退缩，此时，哪怕目标近在咫尺，成功也会遥遥无期；当一个人拥有信念时，他就能把困难征服，成功就会降临到我们的面前。

所以，在工作中，有一句话要避免说，这就是——我不行！有一句话永远都要说，这就是——我能行！“我能行”与“我不行”，虽然只一字之差，却有着本质的不同，“我能行”是对自己的肯定，是成功者必备的心理素质；“我不行”则认为自己不能担当重担，是自己对自己的否定，是导致失败的最重要原因之一。在我们每个人的生命中，都会面临许多害怕做不到的时刻，因而人们给自己的“心”画地自限，这就使无限的潜能只化为有限的成就。

事实上，当一个人真正突破“心”的藩篱，并不断地告诉自己“我能行”时，你会发现自己确实拥有比目前表现出来的更多的潜能。

2. 学会积极的“转念”

有人说，人生难以跨越的不是逆境，而是心境，只要念转，其他的很多方面也会跟着转。这句话说得一点不错，人生的结果都是思维的产物。有的人总是以“黑暗”的思维去想问题，结果他们变得悲观消沉；有的人则能以“光明”的思维去对待问题，结果他们成了人生中的赢家。事实上，很多时候，当我们换一种思维考虑问题，一切都会变得不同。

有人曾经说过：“人和人之间的区别，主要是脖子以上的区别。”一个人思维方式的正与负直接决定了他人生的成败。懂得用正面的思维来置换负面的思维，这是一个人事业成功和自我实现的绝佳途径。正面的思维能把坏的事情变好，负面的思维却会把好的事情变坏。有一位名人说：两个人从窗子里往外看，一个人看到的全是地上的泥土，另一个人看到的却是满天的星星。积极的心态会促使你

看到生机，消极的心态却让人看到失望。其实，根本不是生活没有阳光，而是因为你总低着头向下看，当我们抬起头，看到的将是光亮。

拥有积极心智的人总是能从平凡的事物中发现美，让我们共同来欣赏这一首诗：

我曾孤独地徘徊 / 像一缕云 / 独自飘荡在峡谷小山之间 / 忽然一片花丛映入眼帘 / 一大片金黄色的水仙 / 我凝视着—凝视着—但从未去想 / 这景象给我带来了什么财富 / 我的心从此充满了喜悦　随那黄水仙起舞翩跹。

生活中不乏欢乐，可欢乐与否还要你去用心地发现并体会。

3. 改变习惯用语

消极的习惯用语是培养积极思维的阻碍，这就要求我们在日常的生活中注意改掉那些负面的习惯用语。如不要动不动就说“我受不了了”“我快崩溃了”“简直糟糕透了”这样的话，可以尝试着对自己说“我再试一试”“我再坚持一下”。

4. 转变和控制消极情绪

心理学家认为，一个人的意识或潜意识就像一片肥沃的土地，如果自己不在上面播种下成功意识的种子，就会野草丛生，一片荒芜。因此，我们种下什么样的情绪种子，就会收获什么样的心情。也许，我们无法改变风向，但我们可以调整风帆；又或许我们无法左右事情，但我们可以调整自己的情绪。我们不可能永远处在好情绪之中，生活中既然有挫折、有烦恼，我们就会有消极的情绪。一个心理成熟的人，不是没有消极情绪的人，而是善于调节和控制自己情绪的人。

课堂互动

改善自我心智模式的方法

（一）探询他人的心智模式，从比较中完善自己的心智模式

【步骤与要求】

1. 阅读案例。

2. 请分析：他人在困境中是如何思考与面对的？

3. 请讨论：给予你哪些启发？

【阅读案例】

有个人在自己的一生中遇到了诸多的困难：

家里很穷，穷到连饭都快吃不上了。

从小身体就非常孱弱。

文化水平低，连小学都没毕业。

……

即便如此，他最终取得了令世人瞩目的成绩，他就是日本企业家松下幸之

助。他所拥有的优秀的心智模式是这样分析自己所遇到的种种困难的：

我获得成功，很大程度上是因为受到了上天的眷顾，它赐给我三个恩惠，让我受益无穷。

第一个恩惠，我家里很穷，穷到连饭都快吃不上了。托贫穷的福，我从小就尝到了擦皮鞋、卖报纸等辛苦劳动的滋味，并以此得到了宝贵的人生经验。

第二个恩惠，从一出生，我的身体就非常孱弱。托孱弱的福，我得到了锻炼身体的机会，这使得我到老年也能保持健康的身体。

第三个恩惠，就是我文化水平低，因为我连小学都没毕业。托文化水平低的福，我向世上所有的人请教，从未怠慢过学习。

【阅读案例】　中国达人秀冠军——刘伟的成长故事

刘伟（无臂钢琴师），1987 年 10 月 7 日生于北京，10 岁时因触电意外失去双臂，19 岁时，成绩优秀的他放弃高考，开始学习钢琴；2008 年 4 月 30 日，参加北京电视台《唱响奥运》节目，演奏钢琴曲《梦中的婚礼》，为刘德华伴奏《Everyone is No.1》；2010 年 7 月，参加东方卫视《中国达人秀》，获得总冠军。2012 年 2 月 3 日感动中国十大人物获奖者并获得“隐形翅膀”的称号。

座右铭：我的人生中只有两条路，要么赶紧死，要么精彩地活着。

（二）反思自己的心智模式，通过学习改善自己的心智模式

回过头来看我们之前提出的问题：为什么同样的环境同样的条件，有的人能做到成功做到出色，而有的人就不能呢？

你是固守心智模式，无视心智漏洞，还是及时更新心智模式呢？

你目前的心智是何种模式？你打算如何升级？

因此，学习如何将我们的心智模式摊开，并加以检视和改善，有助于改变心中对于周遭和自我发展的既有认知。

这就是心智模式的意义所在！别只是过日子，发现并弥补自我心智模式中的漏洞，让自己成为拥有优秀心智模式的人，从而去开创自己的人生！

学习借鉴 | 积极思维模式将引领你成长为一名优秀的员工

实习周记：河有两岸，事有两面。早上，等了五六班地铁，费了九牛二虎之力终于挤上了拥挤不堪的地铁。到了分行分配完任务后，下午来到支行报到，从业务学习开始。由于支行人流量比较多，大家都在忙碌着，椅子也不够，我便静静地站着看前辈们办理业务，面对一无所知的业务操作，越看越茫然不明所以，前辈看我很苦恼迷茫的模样，一边耐心地和我讲解一边安慰我说：“我们一开始学都看不懂听不懂，别着急，慢慢便会了。”我听后感到慰藉的同时，悬着的心也总算找到了着落点。晚上，站了一下午的我拖着感觉快残废的双腿回到寝室，对于业务一窍不通、身心俱疲的我

在那一天脑子中几度蹦出来想放弃实习回家的念头，后来又觉得这样太怂太不像我的风格便作罢了。洗漱完毕躺在床上，回想这一天虽然累但所分配支行的前辈都很照顾我们，氛围关系融洽，业务多可以多学点东西，离家也近，回宿舍还可以和小伙伴聊聊天，觉得自己挺幸运的，心情也愈发愉悦舒坦，生活无法皆尽如人意、阳光普照，得自己灿烂起来。那一晚，我怀着这样的心情，睡得很香很沉。

教师点评：你的思想观念和思维模式，会直接体现在工作岗位的具体表现上，优秀还是普通很容易区别开来。当遇到繁重的工作时，优秀的员工会将其当成学习、锻炼的机会，从而主动思考、积极完成，普通的员工会将其当成无奈的任务，甚至抱怨、发牢骚，从而消极对待、应付了事；当遇到困难、挫折时，优秀的员工会将其当成磨炼、成长的机会，想方设法去解决，在解决问题的过程中实现能力的提升，普通的员工会选择退缩、逃避，从而使事情变得更加不可收拾。正如该同学所说，河有两岸，事有两面，我们要培养积极的心智模式，凡事要看到积极的一面，培养正思维、实现正精进！

微课：积极思维　　案例：积极思维

练习单元 2 压力管理

学习目标

了解金融行业员工压力的特点，理解职场压力对生活、工作的影响，掌握应对压力的几种方法，学会选择最适合自己的压力应对策略。

情境导入

王敏的贸易公司在南京开得红红火火，去年，她接到一个新的合作项目，合作对象是南美洲的一家公司。由于时差问题，有很长一段时间，她不得不每天在深夜工作，通过电话、邮件等各种方式与国外的合作伙伴进行沟通，交流工作的进展情况。她渐渐适应了这种白天睡觉晚上工作的生活。后来她不需要在夜里工作了，但需完成大量的管理层工作。慢慢地她感觉到自己的身体越来越差，晚上经常失眠。白天开会时，她的注意力不能集中，脑子里经常出现一些乱七八糟的想法；周围环境喧嚣时，她会觉得心烦气躁，反应迟钝，甚至心慌气短；环境太安静，她又会觉得脑子嗡嗡作响。她不得不去医院做全面检查，医生告诉她，她的所有症状都是由严重的失眠引起的，导致失眠的正是沉重的工作压力。

问题思考与讨论：在未来的工作场合中，我们会遇到哪些类型的压力，面对压力的时候我们该如何调整自己的状态，如何管理好职场压力呢？

自我测试

你的压力有多大？下面的量表可以考察你目前的压力状况，大体了解你目前的压力水平，为有效缓解自己的压力提供必要的数据支持。

1. 两个非常了解你的人正在谈论你，下面的哪一条是他们最有可能说的？

（1）某某这个人很合群，似乎没有什么事情可以让他感到心烦意乱；

（2）某某很不错，但是你跟他谈话时要精力集中；

（3）某某的生活中总有一些地方显得不对劲；

（4）我发现某某近来喜怒无常，捉摸不定；

（5）近来我很少看到某某很开心。

2. 下列哪些是你生活中的普遍特征?
（1）感觉自己做事情总是出错，或者自己总是不满意；
（2）感到总是别人强迫自己做事情，而不是自愿完成的；
（3）感觉自己消化系统好像出了问题；
（4）夜晚总是失眠；
（5）时常感到自己头昏眼花、心跳过速；
（6）没有剧烈活动、气温也不高时经常浑身冒汗，到医院检查身体也没有异常；
（7）在拥挤的环境中惊惶不安；
（8）感到自己疲惫不堪、心力交瘁；
（9）有强烈的失望感；
（10）对琐碎的小事极度烦躁不安；
（11）晚上无法放松自己；
（12）夜里经常被惊醒；
（13）难以做出决定，总是犹豫不决；
（14）对别人的指责感到无能为力；
（15）即使是很容易成功的事情也缺乏足够的热情；
（16）不愿意见生人，也不愿意尝试新的事情；
（17）被别人要求时不会说“不”；
（18）经常担心别人指责自己的所作所为；
（19）感到所承担的任务超过了自己的能力范围；
（20）一旦事情进展不顺利，立即会坐立不安；
（21）总担心有什么潜在的危险要发生；
（22）觉得工作就是为了生存，没有什么乐趣可言；
（23）经常暗自怀疑自己的工作能力；
（24）对周围很多人都耿耿于怀；
（25）背部和颈部经常会出现不适感；
（26）早晨上班时，总觉得不是很情愿。

3. 你比以前更乐观还是更悲观?
（1）更乐观；（2）大约一样；（3）更不乐观

4. 你喜欢看体育比赛吗?
（1）是；（2）否

5. 你能在周末睡懒觉而不产生负罪感吗?
（1）是；（2）否

6. 在合理的职业和个人范围内，你能把想法告诉老师、老板、同事或者自己的亲人吗?
（1）是；（2）否

7. 在生活中什么人为你做决定？

（1）你自己；（2）其他人

8. 在工作 / 学习中受到批评时，你通常：

（1）非常沮丧；（2）中度沮丧；（3）轻度沮丧

9. 你每天完成工作 / 学习后对成绩感到满意吗？

（1）经常；（2）有时；（3）只是偶尔

10. 你是否觉得多数时候都没有解决与同事 / 同学间的冲突？

（1）是；（2）否

11. 你必须完成的工作 / 学习量是否超过了时间的允许？

（1）经常；（2）有时；（3）偶尔

12. 你对工作 / 学习给你的要求有清楚认识吗？

（1）多数时候；（2）有时；（3）几乎没有

13. 你是否有足够的时间处理私事？

（1）是；（2）否

14. 假如你想找个人商量下自己的问题，你能找到一个有同情心的人吗？

（1）是；（2）否

15. 你是在实现人生目标的固定轨道上吗？

（1）是；（2）否

16. 你对工作 / 学习厌倦了吗？

（1）经常；（2）有时；（3）很少

17. 你是否总想着工作 / 学习？

（1）几乎所有的日子；（2）在某些时候；（3）几乎从未有过

18. 你觉得自己的能力和工作 / 学习被恰当评价了吗？

（1）是；（2）否

19. 你觉得自己的能力和工作 / 学习成绩被恰当奖励了吗？

（1）是；（2）否

20. 你觉得上司：

（1）极力限制你的工作；（2）积极帮助你工作

21. 如果十年前你就会知道自己的工作 / 学习状态像现在一样，你会认为日子

（1）超出了期望；（2）完成了期望；（3）没有达到期望

22. 假如你还必须把喜欢自己的程度划分为 5（最喜欢）到 1（最不喜欢）的 5 个等级，你的等级是什么？

（1）5；（2）4；（3）3；（4）2；（5）1

评分标准

1.（1）0 分；（2）1 分；（3）2 分；（4）3 分；（5）4 分

2. 每个小问题回答“是”得 1 分

3.（1）0 分；（2）1 分；（3）2 分
4.（1）0 分；（2）1 分
5.（1）0 分；（2）1 分
6.（1）0 分；（2）1 分
7.（1）0 分；（2）1 分
8.（1）2 分；（2）1 分；（3）0 分
9.（1）0 分；（2）1 分；（3）2 分
10.（1）1 分；（2）0 分
11.（1）2 分；（2）1 分；（3）0 分
12.（1）0 分；（2）1 分；（3）2 分
13.（1）0 分；（2）1 分
14.（1）0 分；（2）1 分
15.（1）0 分；（2）1 分
16.（1）2 分；（2）1 分；（3）0 分
17.（1）0 分；（2）1 分；（3）2 分
18.（1）0 分；（2）1 分
19.（1）0 分；（2）1 分
20.（1）1 分；（2）0 分
21.（1）0 分；（2）1 分；（3）2 分
22.（1）0；（2）1；（3）2；（4）3；（5）4

【得分解释】

首先需要说明的是，对压力自评量表的解释必须谨慎一些。因为除了这个量表涉及的因素之外，还有一些其他的因素影响我们对压力的理解和处理方式。

注意：由于压力的个体差异，即使是两个得分完全一样的人所体验到的压力程度也是不同的。尽管如此，这个量表还是可以提供很多具有参考价值的信息，它可以使你了解自己目前大致的压力状况。

0 ～ 15 分：压力在你的生活中不是问题。生活的历练或个人天生的素质使你对压力具有非常强的免疫力。面对巨大压力，你总能够沉着应付，也不会出现不良的反应。

16 ～ 30 分：这是个中等程度的压力。对你来说，你也许感到更多的是生活和工作 / 学习的充实，不是过度的压力。但是，这种状态如果持续时间过长，你时刻紧绷的神经就会厌倦这种生活方式，随后就会出现慢性的压力反应症状。因此，对于这一得分范围的人来说，如何缓解压力还是值得注意的。

31 ～ 45 分：告诫你！压力对你来说，显然是个问题，采取措施的必要性是显而易见的。你在这种压力程度下工作 / 学习的时间越长，解决它的困难就会越大。仔细学习后面的内容对缓解你的职业和生活压力非常重要。

46分以上：警示你！在这个程度上的压力算是一个非常突出的问题了，必须立即采取措施！你可能正处于精疲力竭的阶段，你感到自己时刻都会有崩溃的可能。压力对于你来讲必须被缓解！如果有可能，你应该求助于压力缓解的专业人士进行详尽的咨询和治疗。

资料来源：徐世勇．工作压力会伤人．北京：企业管理出版社，2007.

知识解读

下面的事情你听说过或者经历过吗？

重大考试失败，与自己理想的小学、初中、高中、大学失之交臂；

意外的伤残事故，致命的疾病；

失业，或者找不到令人满意的工作；

失去亲人；

…………

在我们的生活中，上面的清单还可以不断地列下去，这些事件尽管每个人都不希望遇到，但每个人在生命的不同阶段或多或少都会经历。承受压力是生活中不可避免的，压力像空气、水一样时刻存在于我们的周围，是人类生活不可缺少的一部分。在现代社会中，由于科技发展迅速，竞争激烈，每个人都感到不同程度的压力。适度的压力对人有益，可以使人自觉调动自身能量来解决面临的各种挑战，但过度的压力总是与紧张、焦虑、挫折联系在一起，久而久之不仅会妨碍学习和工作，还会破坏人的身心平衡，造成情绪困扰，损害身心健康。

在未来的职场上，能否以正确的方式管理压力会直接影响个体的能力发挥与自我身心健康。

一、压力知多少

在非洲大草原上，每天清晨，羚羊睁开眼睛所想的第一件事就是：我必须跑得比最快的狮子还快，否则我就会被狮子吃掉。而就在此时，狮子从睡梦中醒来，闪现在脑海里的第一个念头是：我必须跑得比最慢的羚羊要快，要不然我就会饿死。于是，几乎是同时，羚羊和狮子一跃而起，迎着朝阳跑去。

生存的压力，使羚羊成了奔跑“健将”，狮子成了草原“猎手”。在生活中，我们虽然没有像羚羊和狮子那种压力，但学习和工作的压力如影随形。正是由于压力，我们不断进步，不断成功。

压力作为与健康、适应和发展相联系的一个重要因素，因其发生的普遍性、效应的持久性和后果的严重性已在社会学、医学和心理学等领域内引起了广泛的研究和探讨。

（一）压力的本质

压力是个体知觉到的（真实存在或想象中的）对自身的心理、生理及社会适应性形成威胁的生活事件的体验。压力最早是物理学中的术语，本意是指施加在物体上的力。现在，压力被用来描述人们在面对工作、人际关系、个人责任等的要求时所感受到的心理、生理方面的紧张状态。

在东方哲学中，压力被认为是内心平和的缺失。在西方文化中，压力是一种失去控制的表现。从心理学的角度，压力是由于事件和责任超出个人应对能力范围时所产生的焦虑状态。从生理学的角度，压力是身体的疲惫和受折磨程度。

（二）压力的效应

对于超过 80% 的人来说，压力是与不愉快的经历相关联的，如郁闷、失眠、过量饮食等。如果你把压力看成不健康的、消极的，是想办法要避免的情境，那么你错了。压力不是绝对消极的。

1. 压力的积极效应

在经常被鼓励的环境中，压力可以产生积极的作用，可以激发你的创造力，让你更加出色。如果压力是可控的，压力的来源是明确的，压力处理得好，它是令你兴奋的朋友，积极的压力感能让你的身体保持最佳状态。如果处理得不好，它将会是你的死敌。

2. 压力的消极效应

（1）压力的生理反应。

生物医学研究显示：压力反应的基本目的是使生物体能适应周围的环境，使生物体迅速有效地处理威胁生命的挑战，从生存斗争来讲，在动物界和人类社会的早期阶段，压力反应表现为战斗或逃跑反应。许多生理和心理变化是为生物体本身逃避危险所产生的，这一变化会调用身体的大部分能量，并能立即转化为可以应敌的适当形式，运送给最需要它的器官，特别是大脑和肌肉。因此当生物体面临压力紧张的情况时，会有下列常见的生理反应：

- 呼吸急促，透气困难。
- 心跳加速，口渴。
- 肌肉紧张，尤其是额头、后颈、肩肘等部位的肌肉。
- 小便频繁。
- 不自觉的反应，包括胃酸分泌增加，血压升高，血液中化学成分组合的转变，如血糖、胆固醇的浓度提高。

以上这些反应是人体进入紧张状态的身体征兆。产生这些复杂生理反应的生理机制是，压力的反应起源于大脑，并通过它来协调身体。个体察觉到外界刺激对健康的威胁，这些可能涉及许多有意识和无意识的思想、信念、经历、情感、价值观等，大脑中的许多不同部位在整个信息处理过程中都起着作用，包括大脑皮层和其他高级神经中枢。协调压力反应的两种主要生物系统是副交感神经系统和下丘脑－垂体－肾上腺系统。副交感神经系统把大脑和其他内部器官连接起来并传达信息，以调节呼吸、心率和消化等基本功能，如呼吸急促、透气困难是由于在压力反应过程中支气管扩张，吸入额外氧气来燃烧机体内部的能量，以满足机体应急所需；心跳加快是心脏输出更多的血液以提供给大脑和身体的主要肌肉；副交感神经系统能引起非自愿的排尿和大便一个排空的膀胱和大肠，减轻了身体负担，这有利于应对压力。

（2）压力下的心理反应。

当一个人面对生活中出现的突发事件，或有长期使其困扰的日常琐事时，我们的大脑就会把这种刺激认知为压力，比如自我要求和他人要求高、遇到安全威胁和自尊威胁等，就会出现情绪反应，如紧张、恐惧、抑郁。事实上，压力引起的心理反应有警觉、注意力集中、思维敏捷、精神振奋，这是适度的心理反应，有助于个体应付环境。例如，学生在学习过程中、运动员在参赛过程中，一定压力下的竞争更容易出成绩。但是，过度的压力会带来负面反应，使人出现消极的情绪，如忧虑、焦躁、愤怒、沮丧、悲观失望、抑郁等，从而会使人思维狭窄、自我评价降低、自信心减弱、注意力分散、记忆力下降，表现出消极被动的状态。心理学研究还表明，过度的压力会影响智力，压力越大，认知能力越差。个体在压力状态下的心理反应存在很大差异，这取决于个体对压力的知觉解释以及处理压力的能力。

当个体面临压力时会有直接反应与间接反应。直接反应是指直接面对引起紧张的刺激时，为了消除刺激源而做出的反应，例如，路遇歹徒与其搏斗或逃避。间接反应是指借助某些物质暂时减轻与压力体验有关的苦恼，例如借酒消愁。

一般而言，如果压力过大过久，会引发不良的行为反应，如说话结巴、动作刻板、过度饮食、攻击行为、失眠等。如果一个紧张刺激长时间不消退，那么各种身心疾病就会出现，严重的还会导致抑郁症的发生。

二、压力源分析

（一）社会生活中的压力源

主要由以下三个方面的因素构成：

1. 社会环境变化压力

社会环境变化是人的压力反应的重要原发性因素。社会环境因素对人有着特别重要的意义。现代社会发展带来日趋激烈的社会竞争，高度紧张的生活节奏、经济的高速运转带来物质需求的膨胀，容易给人们的精神生活带来冲击。如果一个人对于变化的社会环境和生活事件，特别是急剧的变化，不能够通过调整自身的心理进行恰当有效的适应性反应，那就容易出现心理上的矛盾和冲突，使自己处于紧张状态之中，并相应地出现一系列情绪，如焦虑、敌对、怀疑、忧郁、怨恨、愤懑、绝望等，进而造成个体心理和生理功能紊乱。

2. 社会性要求压力

社会性要求压力主要是指社会、文化、习俗等对个体的影响过程中所造成的压力。人从出生之日起，便处在与社会的互动关系之中，并且这种关系将贯穿于人的一生。在这种互动关系中，人被赋予某种特定的角色，其价值观念、心理因素都被这种角色所限制和制约。这些不可避免地对个体的心理与行为产生深远的影响。当期望与要求出现，而个体不能适时适度地调整自己的角色去适应这种期待，实际生活与社会生活角色的期望值之间的差异就会导致压力的产生，引发失望与挫败感，在心理上出现紧张状态和情绪反应。

3. 社会生活事件的刺激压力

社会生活事件指的是个人生活中发生的重大变化，包括结婚、离婚、家庭成员的亡故等各类事件。众多研究表明，这些事件足以扰乱人们的生理与心理稳定。

（二）个人主体因素对压力的影响

人们在压力反应过程中，会有意或无意地对各类刺激作出带有主观意义的评价，并激起自己的特定情绪反应。个体因素在压力反应过程中显然有着极其重要的影响。每个人在一定的社会生活环境中所形成的独特心理活动形式（包括认知过程、动机和情绪、意志和人格特征等），各种有意识和无意识的心理活动影响着机体平衡的适应体系，形成了个体对于压力刺激控制的内在主观能力，它可以将一定的环境刺激演变成压力，相反也可化解各种压力事件的冲击。决定个体是否体验到压力的主体因素有很多，如对压力情景的认知与评价，生活目标、态度与经验，人际关系与相应的社会支持，个性与行为模式差异等。

由于个人的主体差异，同样一件事对不同的人会有程度差异极大的压力状态，有些人可能会感到压力重重，另一些人则可能完全没有压力。例如调换一个新的工作单位，比较容易紧张的人，会忧心忡忡，担心自己能否适应新环境，能否应付新工作，与新同事能否合得来，对他来说，调换工作单位肯定是一种较大压力。比较乐观的人，会以“随遇而安”或“船到桥头自然直”的态度坦然处之。比较积极的人，则会通过主动学习适应新的环境和工作，使工作调换成为自己事业发展中的新开端。

大部分的环境因素是个体难以控制的，只有个体因素才是可以有效掌控的。通过健康的生活方式、生活态度及个人应对调适措施的培养掌握，可以缓解压力对身体的负面影响，使每个人在沉重的压力下，能够保持健康的心理和强健的身体。良好的生活态度与生活方式，以及对付压力的技巧和个体本身对压力的承受力，也综合体现了个人在纷繁的社会变化中的生存素质。个性因素方面的种种不足，是产生压力的重要原因，如自卑、追求完美、害怕冒险、过分关注自我形象及自我身份、自责与推诿、期望过高，等等，这是我们应该注意调整改进的。

1. 自卑

自卑者非常在意别人的看法，对别人的评论很敏感，常会因为别人的评价而觉得自己一无是处，因此不能正视自己，缺乏自我肯定，自我价值感较低。遇事总是怨天尤人，怨恨自己事事不如人，认为自己被伤害。常因害怕得不到肯定而患得患失，容易处于忧郁、焦虑不安之中，会自己给自己制造一些想象的烦恼与压力。

2. 追求完美

追求完美的人把每件事的标准都定得很高，原本短时间可以完成的工作，往往为求尽善尽美而多花几倍的时间去完成。追求完美者常会觉得做事的时间不够用，为了完美意图的实现，只得被迫牺牲睡眠、与家人相处、运动、休闲的时间，使自己总是处于精神紧绷状态。

3. 害怕冒险

对于那些缺乏冒险精神、不敢追求进取的人，任何具有挑战性特点的任务对他们来说都是难以承受的。他们几乎不能忍受各种挑战和冒险给自己心理所造成的沉重压力。

4. 过分关注自我形象及自我身份

过分关注自我形象及自我身份的人，经常会感到孤独寂寞，缺少安全感，对自己缺乏信心。他们拼命工作，以此来提高自己在别人眼里的地位。如果受到他人对其职业能力的怀疑，或者这种职业自豪感受到挑战，他们就会变得极具进攻性或防范性，常常会因为毫无必要的敏感而受伤害。

5. 自责与推诿

当工作与生活过程中出现某个失误后，成熟的人能客观地说出谁该受责备。而有些人会为一些实际上超出了控制范围的事而坚持自我谴责，包揽一切错误，他们认为自己应该对紧急情况有先见之明，应该事先采取措施防患于未然，应该更多地承担义务，应该工作再勤奋一些……自我谴责的理由是无穷无尽的，由此在无形中增加了自我压力。与此相反的则是，另一些人，他们往往总是指责环境或其他人，推诿自己的责任，不能勇于面对自己的失误，常常因不能承认自己的错误而导致更多、更大的压力。

6. 期望过高

不切实际的过高期望是造成压力的主要原因之一。倘若总是对自己期望值过高，我们就会过分驱使自己，对自己的表现永远不满意，就会永远对所得结果失望，永远不会从已经完成的工作中获得轻松之感。不理智、不准确的自我认知是产生不切实际的自我期望的主要原因，由于认识不到自己的局限性，因而缺乏衡量自己的成功或努力的准确标准，最终会妨碍自己能力的发挥。

（三）职场环境因素对压力的影响

与工作有关的压力源，又被称为职业性压力源，它是劳动环境中影响劳动者生理、心理状态的各种因素的总和。工作中的压力主要来自以下方面：

1. 不起眼的小压力

一杯水有多重？可能在 20 ～ 500 克不等。这杯水的重量并不重要，重要的是你能拿多久。拿一分钟，大家肯定感觉没问题。拿一个小时，可能会觉得手酸。拿一天，可能得叫救护车了。其实这杯水的重量是一样的，但是你拿得越久，就觉得越沉重，这就像我们承担着压力一样，如果我们一直把压力背在身上，不管时间长短，到最后就觉得压力越来越沉重而无法承担。工作中有许多不起眼的因素，也会随着承受时间的延长而逐渐成为影响工作效率的压力因素。

2. 指令不清

在工作中，如果得不到明确的工作指令，甚至不清楚应该干什么，负责到什么程度，该从哪里开始自己的工作，也会使员工进退两难。这样的例子比比皆是。不明确的角色规定，还使个体无法对各项工作给予时间和顺序上的最佳排列。

3. 角色冲突

角色冲突是指由于不同角色的要求而产生的相矛盾的情况。如对学校的教师而言，其角色之一是帮助那些处于麻烦中的孩子们，角色之二是学校规章制度和班级管理制度的执行者，这两个角色有一定的冲突性；对于一个妻子而言，既要对工作全力投入，可能还需要加班加点，又要照顾好家庭，二者也有一定的冲突。

4. 人际关系

与同事的关系不和谐是压力的一个重要来源。可以说，团队氛围也会对自我压力产生影响。无论一个人的工作多么出色，缺少与同事的交流，也会产生压力。另一种容易产生压力的情况是，一些员工得不到同事应有的赞誉，感到被轻视，挫伤了对工作的热情以及积极进取的精神。

5. 任务过重

没有一个人能在持续不断的压力之下发挥出最佳工作绩效。除了节假日和每天固定的休息时间能够轻松一下外，在完成某一项任务后，也需要一些短暂的时间喘口气，欣赏一下周围的景色，做一些冥想调适心情，重新调整自己的思维……倘若没有及时调整，就容易会像陀螺般旋转得忙不出头绪，导致失去自我。

6. 环境压力源

凡是自然或工作环境中的一些突发因素，会使个体的心理、生理稳定状态受到影响，主要包括：由自然力所导致的某些对人类的灾害，如地震、洪水、火山喷发等；一些人为灾难，如有毒化学物质的外泄、核辐射等；背景性压力源，如噪声、空气污染之类。

三、压力应对方式

应对方式是心理学概念，又称应对策略，是个体在应激期间处理应激情境、保持心理平衡的一种手段。心理学家弗洛伊德最先研究这个概念。压抑、否认、投射、退化、隔离、合理化、补偿、升华、幽默等都是应对方式。每个人天生就有自己的应对方式。应对方式可分为积极应对和消极应对两种。工作场景中，常见的积极应对方式如积极心态、自我调整、向朋友或领导倾诉、积极解决问题和反思总结、参加集体活动、获得心理支持；而有些员工会采用消极应对方式，如经常抱怨、忍耐、扯皮推诿等，严重影响了工作绩效和团队氛围。

当压力到来时，首先评价自己对压力事件的反应并调整心态是重要的压力管理策略。人们对压力事件的反应会有很大的不同，首先要分析一下，为什么自己会感到压力，压力为什么这么大。每个人对待同样的事情的评价和反应是不一样的，人格因素和控制能力都会直接影响个体对压力的感受。

下面这个小测试会帮助你了解自己的"压力应对方式"。

压力应对方式测试

请根据自己的情况回答“是”或“否”，并把你的回答写在序号前。

1. 能理智地应付困境
2. 善于从实践中吸取经验
3. 制订一些克服困难的计划并按计划去做
4. 常希望自己已经解决了面临的困难
5. 对自己取得成功的能力充满了信心
6. 认为“人生经历就是磨难”
7. 常感到生活的艰难
8. 专心于工作或学习以忘却不快
9. 常认为“生死有命，富贵在天”
10. 常常喜欢找人聊天以减轻烦恼
11. 求助别人帮助自己克服困难
12. 常只按自己想的做，且不考虑后果
13. 不愿过多思考影响自己情绪的问题
14. 投身其他社会活动，寻找新寄托
15. 常自暴自弃
16. 常以无所谓的态度来掩饰内心感受
17. 常想“这不是真的就好了”
18. 认为自己的失败多系外因所致
19. 对困难采取等待观望任其发展的态度
20. 与人发生冲突，常认为是对方性格怪异引起
21. 向引起问题的人发脾气
22. 常幻想自己有克服困难的超人本领
23. 常自我责备
24. 常用睡觉的方式逃避痛苦
25. 常借娱乐活动来消除烦恼
26. 常爱想些高兴的事自我安慰
27. 避开困难以求心中安宁
28. 为不能回避困难而懊恼
29. 常用两种以上的办法解决困难
30. 常认为没有必要那么费力去争成败
31. 努力去改变现状，使情况向好的一面转化
32. 借烟或酒消愁
33. 常责怪他人
34. 对困难常采用回避的态度

35. 认为“退后一步自然宽”
36. 把不愉快的事埋在心里
37. 常自卑自怜
38. 常认为这是生活对自己不公平的表现
39. 常压抑内心的愤怒与不满
40. 吸取自己或他人的经验去应付困难
41. 常不相信那些对自己不利的事
42. 为了自尊，常不愿让人知道自己的遭遇
43. 常与同事、朋友一起讨论解决问题的办法
44. 常告诫自己“能忍者自安”
45. 常祈祷神灵保佑
46. 常用幽默或玩笑的方式缓解冲突或不快
47. 自己能力有限，只有忍耐
48. 常怪自己没出息
49. 常爱幻想一些不现实的事来消除烦恼
50. 常抱怨自己无能
51. 常能看到坏事中有好的一面
52. 自感挫折是对自己的考验
53. 向有经验的亲友、师长求教解决问题的方法
54. 平心静气、淡化烦恼
55. 努力寻找解决问题的办法
56. 选择职业不当，是自己常遇挫折的主要原因
57. 总怪自己不好
58. 经常是看破红尘，不在乎自己的不幸遭遇
59. 常自感运气不好
60. 向他人诉说心中的烦恼
61. 常自感无所作为而任其自然
62. 寻求别人的理解和同情

【计分方法】

1. 量表分计分方法

该问卷有六个分量表，每个条目有两个答案，“是”和“否”，计分分两种情况。

（1）除（2）所列举的情况外，各个分量表的记分均为选择“是”得 1 分，选择“否”得 0 分。将每个项目得分相加，即得该分量表的量表分。

（2）“解决问题”分量表中的条目 19，“求助”分量表中的条目 36、39 和 42，选择“否”得 1 分，选择“是”得 0 分。

分量表	分量表条目构成编号
解决问题	1,2,3,5,8,-19,29,31,40,46,51,55
自责	15,23,25,37,39,48,50,56,57,59
求助	10,11,14,-36,-39,-42,43,53,60,62
幻想	4,12,17,21,22,26,28,41,45,49
退避	7,13,16,19,24,27,32,34,35,44,47
合理化	6,9,18,20,30,33,38,52,54,58,61

2. 计算各量表的因子分，因子分计算方法

分量表因子分 = 分量表单项条目分之和 / 分量表条目数

3. 结果解释

根据各分量表的因子分值绘出应付方式因子廓图，根据图形和各分量表因子分结果分析应付方式类型和应付行为特点。每个人的应对行为类型具有一定的倾向性，这种倾向性构成了六种应对方式在个体身上的不同组合形式。这些不同形式的组合与解释如下。

（1）“解决问题 - 求助”，成熟型。在面对应激事件和环境时，常能采取“解决问题”和“求助”等成熟的应付方式，在生活中表现出一种成熟稳定的人格特征和行为方式，能够较好地应对压力。

（2）“退避 - 自责”，不成熟型。常以“退避”“自责”“幻想”等应付方式应付困难和挫折，而较少使用“解决问题”这类积极的应付方式，情绪和行为均缺乏稳定性，容易被压力困扰。

（3）“合理化”，混合型。应付行为集成熟与不成熟的应付方式于一体，应付行为表现出一种矛盾的心态和两面性的人格特点。

案例分析

请与同学讨论你们对以下有关压力的常见观点的看法。

观点一：压力是从神经紧张开始的。

正解：事实上，压力从精神紧张就开始了。精神紧张导致神经紧张。

观点二：只要你有压力，你一定会知道。

正解：事实上，很多人都有压力，可是他们并不知道，如中小学生考试前莫名其妙地发烧、拉肚子、出麻疹；成年人每天早晨都赖床，不愿意去上班，出现背痛、胸痛等。事实上，他们遭遇压力的躯体反应已经有了，可是在意识层面还不知道。

观点三：长期运动会减弱你抵御压力的能力。

正解：事实正相反，长期运动恰恰能恢复身体素质，增强我们抵御压力的

能力。

观点四：有压力总是不好的。

正解：实际上，压力是我们维持生存必需的，是我们生活的一部分，有压力才能享受精彩的人生。

观点五：压力会制造不愉快的问题，但不会置你于死地。

正解：事实上，压力不但会制造不愉快的问题，而且会置人于死地。前几年各地电台都开办了晚间心理热线节目，有的节目主持人由于节目制作本身的压力和长期接触负面问题，最后以自己结束生命而辞世。

观点六：打针吃药可控制压力。

正解：我们常常以为这是一个无稽之谈。一个是生理上的，一个是心理上的，它们之间怎么可能有关系呢？事实上，药物可以起到改善生理状态，进而改善心理状态的作用。对比较严重的抑郁症患者，直接进行心理治疗是没有用的。有经验的心理治疗师常常会先用药，等病情缓解后再配合心理治疗。

观点七：下班后回到家，你不会把压力带回家。

正解：事实上，人们很难在心理上把压力界定在某一时间或某一场合。压力常常充斥在整个学习、工作和生活中。

观点八：压力只是心事。

正解：实际上，压力不只是心事，而且还可能形成生理疾病和心理疾病。

观点九：压力是完全可以消除的。

正解：压力可以减轻，某一方面的压力甚至可以消除。但在生活中，一个人不可能完全没有压力，压力是一个人正常生存的条件。

观点十：除非你完全改变生活方式，否则无法应对压力。

正解：完全改变生活方式只是应付压力的方式之一，应对压力的方式有很多。

四、压力调节的方法

（一）从积极的角度思考

首先，认识到任何事物都有好坏两个方面，有积极的成分和消极的成分。在认识到这点前，你可能无法忍受在机场候机，认为那是浪费宝贵的时间，是令人沮丧的。但从积极的角度思考，你就会发现这是个研究人的言谈举止、穿着打扮的好机会。

生活中有很多事情让我们感到压力很大。不喜欢你的室友、不喜欢现在的工作、没有足够的时间去娱乐休闲、感到孤单……当你无法改变当前的状况时，你可以选择性地关注压力源的积极方面。

（二）提升适应力

适应力的培养可以锻炼自我，形成全身心投入、掌控局面和不畏挑战的态度。

步骤一：关注你所认识的有较强适应力的人。

你认识拥有顽强适应力和坚韧的承压力的人吗？无论他经受的压力有多大，需要他付出多大努力，他都能坚持全身心投入其中而不是退缩不前，并在每次变化中汲取经验教训吗？

（1）他遭遇了怎样的紧张境遇？

（2）他采取了什么样的解决方案来减少环境中的压力？他是怎么应对的？

（3）他采取的应对方法中包括求得他人的支持、帮助和鼓励吗？

（4）他怎么看待这次经历？当他分析评估这次压力或者之后追忆这次经历时，他会把这次经历与自己人生的方向、目的和意义联系起来吗？他对这次经历的评价表达了对周围环境、人生和自我的新认识吗？

步骤二：充分认识自我隔离、无所作为和受到胁迫的弊端。

以适应性的态度思考问题存在另一个重要方面，就是要对以下三种情况的弊端有所认识：退缩不前（而不是全心投入）、无所作为（而不是尽力改变）、安于现状不思进取（而不是坚持从变化中汲取经验教训）。

想一下你所认识的人中是否有人因为不可承受的压力而被击垮。如果你仔细对比他们的行为和适应性较强的人的做法，就会发现显著的差异。

步骤三：当变压力为优势时，你感觉如何？

以转变的方式应对压力时，你应该把充满压力的变化看作是可以解决的问题，采取必要的措施达到解决问题的效果。

反馈的第一个来源：你在努力中对自己的观察检测——“这是我吗？我从不知道我可以做到”“我从不知道我竟然可以如此成功地与这些人沟通交流。能够改善与他们的关系真是太棒了”。通过观察检测自我，你发现自己如此有效地应对困难，轻松与人交流，你会加强自己全新投入的态度。

反馈的第二个来源：他人对你的评价。“我很敬佩你能够做这么多的改变。说实话，我开始还以为不可能呢”。

反馈的第三个来源：针对目标事件或者目标对象的具体行动中得到真正的效果。如果你达到了这些目标，就会清晰地认识到无论在工作单位还是其他地方，自己的生活都会逐渐发生改变。

（三）放松训练

准备工作：找一间安静整洁、光线柔和、周围没有噪声的房间，身处其中令人舒适愉快，不受任何干扰。准备一张舒适的沙发、躺椅或床，让自己能尽量舒适地坐在上面或躺在上面，然后闭上眼睛。

1. 深呼吸放松法

深长的腹式呼吸，可以增加呼吸量，使血液中的氧气含量更充足，因此在面临紧张情景时，做深呼吸有助于使人全身放松，恢复镇定和平静，并且增加勇气与自信。

具体步骤：在练习深呼吸时，可以闭上眼睛，以放松的姿势坐着或站着，抬头挺胸，双肩放平，吸气时要深深地吸，把肺部尽量扩张，呼气时要慢慢地呼，让呼气时间拖得稍长一点，一直到把肺部的残留气体差不多呼尽为止，并注意尽量用鼻子呼吸。吐气、呼气都应以缓慢深长为好。在重复操作中，会觉得从手和脚的前端开始暖和起来。一开始不必太过勉强，慢慢地、很舒适地一边数着数字一边做即可。这方法简单易行，不需要占用较长时间，是一种方便有效的应急措施。

2. 想象放松法

主要是通过对一些广阔、宁静、舒缓的画面或场景的冥想达到放松身心，并且在放松身心的同时，体验一种自我更新的感觉，由此带来的清新感、认同感将会帮助我们以更好的状态迎接挑战。

具体步骤：闭上双眼，在脑海中想象一个使你真正感觉放松、恬静、愉快的地方，描绘出一幅舒适的画面——漫步在茂密的丛林中，鸟儿在枝头唱着婉转的歌儿，溪水在身边潺潺流动，清爽的微风轻轻抚过你的面颊，想象自己完全融合于大自然中，让自己体会那些情景、声音、气味、感觉和意境，使自己的紧张慢慢得以松弛。其间应配合呼吸，并且最好在舒缓的轻音乐中进行，尽情体验那种不受约束的自由状态。

3. 渐进放松法（肌肉紧张－松弛放松训练）

按一定的练习程序，学习有意识地控制或调节自身的心理生理活动，以达到降低机体唤醒水平，调整那些因紧张刺激而紊乱了的功能。

具体步骤：深深吸进一口气，保持一会儿，再保持一会儿，再慢慢地把气呼出来；再深深地吸进一口气，保持一会儿，再慢慢地把气呼出。

放松顺序：头部、手臂部、躯干部、腿部，也可以根据需要进行新的排列。

（1）头部放松：用力皱紧眉头，保持 5 秒钟，然后放松；用力闭紧双眼，保持 5 秒钟，然后放松；头向后抬，保持 5 秒钟后放松。尽量体会放松后的感觉，你可能感到沉重、轻松或者温暖，这些都是放松的标志，请注意这些感受。

（2）颈部肌肉放松：将头用力下弯，努力使下巴抵至胸部，保持 5 秒钟，然后放松。

（3）肩部肌肉放松：将双臂平放体侧，尽量提升双肩向上，保持 5 秒钟，然后放松。

（4）臂部肌肉放松：将双手掌心向上平放在座椅扶手上，握紧拳头，使双手及臂肌肉保持紧张 5 秒钟，然后放松；侧平举张开双臂做扩胸状，体会臂部的紧张感 5 秒钟，然后放松。

（5）胸部肌肉放松：将双肩向前收，使胸部四周的肌肉紧张，保持 5 秒钟，然后放松。

（6）背部肌肉放松：将双肩用力往后扩，体会背部肌肉的紧张感 5 秒钟，然后放松；向后用力弯曲背部，努力使胸部弓起，挤压背部肌肉 5 秒钟，然后放松。

（7）腹部肌肉放松：尽量收紧腹部，好像别人向你腹部打来一拳，你在收腹躲避，保持收腹 5 秒钟，然后放松。

（8）臀部肌肉放松：夹紧臀部肌肉，收紧肛门，保持 5 秒钟然后放松。

（9）腿部肌肉放松：绷紧双腿，伸直上抬，腿离地面 20 厘米，保持 5 秒钟然后放松。

（10）脚趾肌肉放松：将脚趾慢慢向下弯曲，仿佛用力抓地，保持 5 秒钟，然后放松；将脚趾慢慢向上翘，保持紧张 5 秒钟，然后放松。

以上从头到脚十部分的肌肉放松连续完成，早晨醒来后和夜晚临睡前各做一遍，所有动作应熟练掌握到能连续完成，并在各种情境下都能自如运用。

（四）音乐调节法

音乐不仅是人类通用的“语言”，也是很好的“心理调节师”。音乐可使人释放被压抑的情绪，消除紧张焦虑。音乐能影响人的情绪和生理机能。如圣洁、高雅的音乐可使人净化心灵；速度较缓的音乐给人以安全、舒适感，可以增进人们的记忆力、注意力；曲调优美的音乐，能开发人的思维力；铿锵有力的音乐，可激发人的战斗力。听音乐，能减少心烦、减少伤感、缓和紧张的神经、调节情绪，能增加继续前进的信心。除了听，还可以唱。大声唱歌时，需要不停地深呼吸，这样可以荡涤心胸、通畅气血，使身心得到很好的放松，心情愉悦。散步时，自由自在，低声哼唱你喜欢的歌曲，这是“散步唱歌法”。洗澡时，放开你的歌喉唱你熟悉的歌曲，就是“沐浴唱歌法”。这些都是减压的妙招，可以尝试，选择最适合你的方式。

课堂互动

【操作活动】我的压力圈

通过我的压力圈活动理性分析自身目前所面对的压力，探究压力源。

活动步骤：

（1）填写“我的压力圈”（上图）。

（2）思考以下问题：

1）我目前都承受着哪些压力？

2）哪些压力是近期的，哪些是长期的，哪些是较大的，哪些是较小的？

3）这些压力的压力源是什么，来自父母、自己还是社会？

4）这些压力对我产生了哪些影响（负面的或正面的影响），影响的程度如何？如果是负面的，是否已经有了躯体方面的表现？

5）我是如何应对这些压力的？

6）还将尝试哪些方法以更有效地管理自己的压力？

学习借鉴 | 把困难转变为加速成长的动力

实习周记：实习的第二周，虽然还是挺想家，但是比之前的第一周来说好了很多。对于出纳的业务流程，也熟悉了很多。之前的出纳，因为培训被调走了，所以以后将由我一个人来完成，说实话，压力真的蛮大，很害怕会做错，导致不好的结果。所以，对每一步工作我都很仔细，不懂的问题，自己首先琢磨琢磨，看看之前出纳的账，看看他是怎么做的。这样的过程使我的记忆更加深刻，也让我从中学到了很多。记了很多的笔记，对我的帮助很大。在接下来的日子里，我要努力熟悉每一个业务，做到能不看笔记，出色完成任务。面对接下来的挑战，我要努力学习。面对问题和挑战时，不要退缩，轻松地去面对。

教师点评：生活就是这样，当我们用积极的态度去面对时，原来以为的困难、压力，反而促进了我们的成长，加速了我们的进步。当然，这首先取决于我们用正确的思维模式看待问题，把困难、压力作为挑战自我的机会，而不是抱怨、责怪；其次是自己积极主动努力地去担当，去学习、去解决问题，而不是退缩、逃避。更聪明的人，不仅乐于拥抱外部环境施加的困难、压力，而且会自己主动创造机会，自我加压，以使自己成长得更快、发展得更好。

微课：压力管理

微课：情绪与压力管理的有效思考方式

练习单元3 意志力

学习目标

理解意志力是成功自我管理的重要内容，理解意志力的概念，感悟意志力的重要性，能根据自己的问题，制定切实可行的改进方案，有意识地培养意志力。

情境导入

人在逆境中，意志的力量便会凸显出来。意志坚定者往往照旧奋进，勇往直前；而意志薄弱者则一击便垮，一蹶不振。

——伏尔泰

请大家来看一个小故事：三只青蛙同时掉进鲜奶桶中。第一只青蛙苦着脸说："这是命。"于是蜷起后腿，丝毫不作挣扎等待死神的来临。

第二只青蛙试着跳出鲜奶桶，尝试几次失败后，一脸绝望地说："这桶实在太深了，看来，凭我的跳跃能力不可能成功逃出，今天是在劫难逃了。"于是，身体一松沉入桶底了。

第三只青蛙先是打量了一番，虽然鲜奶桶的高度超过了它的跳跃能力，但一想到太太、儿子还在家里等着它，后腿就有使不完的力气，信心十足地说："我只要找到垫脚的东西，就能跳出这可怕的桶！"

于是，第三只青蛙一边划一边跳，数次尝试后竟然出现了奇迹，鲜奶在它的搅拌下慢慢变成了奶油块，在奶油块的支撑下，它用力一跃，跳出了奶桶。不屈服于命运、一心要和家人团聚的坚强意志，使第三只青蛙成功从桶底跳到了桶外。

如果你像青蛙一样身处"鲜奶桶"的逆境，你会怎么做呢？是不作任何挣扎等死，还是为自己能摆脱逆境而不断尝试，直到成功逃脱？成功与否完全在于一念之间，虽然成功的希望看似十分渺茫，但只要你有足够的意志来支撑，就一定能找到成功的方法，从"桶底"跳到"桶外"。

记住，无论你身处的状况有多糟糕，只要有超强的意志力支撑，成功的胜算就会多出数十倍。

自我测试

我的意志力有多强

你是否经常订下许多大计划，如减肥、戒烟、学习某项技能、存钱旅行……每一个计划你都能坚持到底、完美实现吗？还是大部分都半途而废？你想知道自己的意志力是强还是弱吗？现在，就请一起来做以下的小测试吧！

1. 有一次，你和几个“死党”到好友家做客，茶几上放着你最爱吃的巧克力糖，但好友并没有开口招呼你们，你会怎么做？

A. 立刻拿起一颗巧克力糖放到嘴里吃，再抓一把分给“死党”。

B. 坐在茶几前，一颗接一颗地吃了起来。

C. 静坐着和朋友聊天，以转移注意力。

2. 有一天，你和朋友一起去逛街，在橱窗中看到自己喜欢的新款式服装，可是这个月的花费已经有些超支了，你会怎么做？

A. 向好友借钱买下它，并约好下个月领薪水时还给好友。

B. 反复犹豫后，拿钱买下它。

C. 多方考虑后，决定下个月有剩余的钱时再买。

3. 你和朋友聊天时得知他很多的隐私和秘密，当他人向你打听时，你会怎么做？

A. 立即把自己所知道的事情全都“抖”出来，并添油加醋一番。

B. 将自己所知道的，不多也不少地透露给朋友，并炫耀自己了解别人很多。

C. 什么也不说，所有朋友的隐私和秘密你都能保证不向他人透露。

4. 在你向自己、朋友作出承诺改变某一个坏习惯时，你通常会：

A. 说说就算，从不遵守承诺。

B. 维持几天，意思意思就好。

C. 说到做到，坚持改掉这些习惯。

5. 如果能在早上七点起床后思考、准备一天的工作，让你做事更有效率，你会怎么做？

A. 虽然每天早上七点准时被闹钟吵醒，仍赖在床上直到八点才起来。

B. 大约在七点二十分起床，然后冲个热水澡让自己清醒。

C. 把闹钟调到六点五十分，以便能准时在七点起床。

6. 朋友要你帮忙查一个重要的地址，而你正在看一本引人入胜的小说，你会怎么做？

A. 等看完正精彩的部分再帮忙查。

B. 立刻帮好友查看、确认，接着继续看小说，等朋友打电话来问结果，再告诉他。

C. 立刻帮好友查看、确认，并在第一时间打电话给朋友告知结果。

7. 上司交办一个很重要的文案，要求你六周之内完成，你会怎么做？

A. 先搁置几天，找到感觉后再开始做。

B. 不疾不徐地作出安排，不断想着自己还有六周的时间，还早哪！

C. 立刻着手进行，并要求自己提前两天完成。

8. 你常常因为读一本引人入胜的小说或看一部精彩的电视节目或电影而错过和朋友约定的时间吗？

A. 经常会。

B. 偶尔会。

C. 从不。

9. 自己所制订的计划，你一般都严格执行吗？和朋友的约会都能按时赴约吗？

A. 偶尔会。

B. 少数情况下会。

C. 绝大多数情况下一定会做到。

10. 周六晚上，室友邀你一起通宵看影片，但周日早上你还要早起去做兼职，你会怎么做？

A. 应邀看通宵，第二天太疲倦就请假补觉。

B. 陪室友到半夜十二点，然后回房睡觉。

C. 拒绝邀请，和室友说明状况，好好睡一觉。

计分方法：

选 A 得 1 分，选 B 得 2 分，选 C 得 3 分。

结果分析：

得分 10 分以下，意志力非常弱。

你很想坚持你的计划、目标，却很少能坚持到底。你并非缺乏意志力，但比较随性，只喜欢做那些感兴趣的事，一旦兴致高昂，就会坚持下去，但多数情况下你所坚持的都是错误的决定。

得分 11 ～ 20 分，意志力稍弱。

你很懂得权衡轻重，知道什么时候要坚持到底，什么时候该轻松一下，但很多时候你会因为外界因素的变化，而改变自己原本的计划，尤其是遇到那些你极感兴趣的事情时，好玩心会战胜你的决心。建议在生活和工作中，多从小事坚持，逐渐让自己的意志力变得更强。

得分 21 ～ 30 分，意志力超强。

你的意志力比较强，无论任何人、任何事都不能轻易改变你的专注力，只要你能好好加以控制，坚持做正确的事，无论在生活还是工作中，你都能取得比他人更优异的成绩。但有时太执着并非好事，偶尔尝试改变一下，生活将会更充满趣味。

知识解读

一、意志力的概念

什么是意志力？在心理学的概念中，意志力是指一个人自觉地确定目标，并根据目标来支配、调节自己的行动，克服各种困难，进而实现目标。

简单说来，意志力不仅是一个人种种行为的支撑点，一个人行为、态度的始发站，更是直接控制和深刻影响一个人的行为和态度。意志力较弱的人，面对突如其来的事件常常选择不作任何抵抗的方式来逃避，遇击就垮，一蹶不振。意志力较强的人，面对突发事件、困难窘境时，就会有足够的信心和勇气面对，极大的工作热情使得他们能随机应变，最终能突破困境，达到预设目标或是成功转型。

【阅读案例】

有一位商人，为了帮自己的家族企业挑选出一个适合的接班人，他要求三个儿子去攀爬一座著名的山峰，并宣告，如果谁能成功登上山顶，自己就把毕生心血交给他！

一星期后，大儿子兴高采烈地赶回来，稍作休息便向商人描述他的有趣见闻、山顶风景，他对商人说："我看到了遍野的山花、蝶舞鸟飞，听到了虫鸣鸟叫，总之，景色真是不错！"商人听完后，一脸平静地告诉大儿子："孩子，你只爬到山脚，并没有登上那座山的顶峰吧！"大儿子听后，惭愧地退到一边。

两星期后，二儿子风尘仆仆地赶了回来，一脸疲惫地对父亲说："历尽艰苦，我终于登上了山顶，那里草木丛生，环境还算不错！"商人听后，用那布满老茧的大手抚摸着二儿子的头，语气平淡地说："孩子，你是真正开始去爬山了，但你只爬到了半山腰并没有到达山顶！"

一个月后，小儿子衣衫褴褛地回到家里，虽然瘦了好几圈但目光似乎更加炯炯有神，商人心疼地抚摸着他的脸，说："好孩子，你在山顶都看到了什么？"小儿子面色沉重地说："山顶到处都是冰冷的岩石和瑟瑟的冷风，好像一切都在眼前又似乎什么都没看到，站在那里，只感到我自己是那么渺小！"

商人颇感欣慰，深情地对小儿子说："其实，每一座山的山顶风光都比不上山脚和山腰的景色。但是，当你登上山顶，你所收获的东西又何止是简单地征服一座山呢？我相信，坚强的意志必定能带给你必胜的勇气和执着，这样，家族的事业也就一定能发扬光大！"

凭借攀登一座山来选择继承人的方式，乍看之下有些不可思议，但真正能征服一座高山的人，必定有坚定的自信和大无畏的勇气，拥有这样坚强意志的人，做事时又岂会马虎对待、轻易妥协呢？

二、具备意志力的员工的优势

纵观职场，没有任何一个成功人士不是靠着坚强的意志而取得成功的，也没有任何一个优秀的人不具备坚强的意志，所以培养坚强的意志力已成为职场新员工的当务之急。也有越来越多的企业意识到，坚强的意志可以赋予员工们以下几点优势：

（1）十足的自信。意志力越强的人，目的性就越强，在任何情况下都能坚持自己的目标，这样的坚定为他灌注了“使命必达”的自信。

（2）坚持到底的勇气。意志力较强的人，一旦接下任务就会追根究底，大无畏的勇气，使他们对任何阻碍和困难都会想尽办法解决。

（3）良好的做事习惯。意志力较强的人，在追根究底的过程中逐渐养成说到做到、认真对待每一件事的好习惯，无论是思维还是行动，都在不知不觉中形成一种良好的模式。爱迪生说：“伟大人物最明显的特质，就是他坚强的意志，不管环境变化到什么程度，他的期望仍不会有丝毫改变，而最后终能达到预期的目标。”因此，身在职场中的你，如果想要在职场中出人头地、大展身手，就必须先磨炼自己，使自己拥有坚强的意志力。

任何人的态度都深受意志的影响和控制。

一个人能否成功，能取得多大的成就，都源于他的态度——对人对事的态度，左右一个人做事的深度和达成目标的速度。然而，这种能持之以恒的态度，则由他的意志所决定和支配。其实，成功者和失败者之间的最根本差别就是：失败者薄弱的意志力使他们对环境变化和失败的顾虑较大，做什么事都有“风声鹤唳，草木皆兵”的感觉，甚至从一开始就消极不振。成功者却刚好相反，他们善用意志支配自己的态度，使自己在任何条件下都能积极思考、充满自信和乐观。

任何人的态度都深受他的意志影响和控制，意志决定态度，态度反映意识和意志，好的行为始于积极的态度，而好的态度始于一个人坚强乐观的意志。意志不坚定的人，不会有坚决的态度，无论做什么事，尤其在复杂多变的环境中，处理复杂的问题时，容易被外界环境所左右，不是突然变得消极就是态度粗暴，最终在暴躁中鲁莽而坏事。而意志坚定的人，则永远乐观进取、积极向上，对任何事都认真对待，不会轻易被环境的变化所影响，也不会轻易被别人的意见所左右。

你做事的态度是懒散随意，还是认真谨慎，抑或是两者中间呢？无论是处于哪种状况，都要谨记：世界上，没有人的态度不被他的意志决定和控制。想要端正自己的态度，必须先锤炼自己的意志。

三、锤炼意志力的方法

（一）咬定青山不放松——咬定目标

【阅读案例】

一天，在一棵百年老树下，乌龟小 D 听到一只长得很漂亮的百灵鸟说：“狮子王二十九世要举行婚礼，邀请森林中所有的动物去参加。”“既然狮子王二十九世邀请所有的动物参加，我也是动物，我也应该去。”小 D 心里想。

几分钟后，小 D 就开始上路了，刚出门没多久，就碰到了梅花鹿、猫头鹰，还有一大群乌鸦。众人听了小D的“豪言壮语”后，先是一愣，然后好心规劝说：“小D呀小D，不是我们说你，这么简单的道理你都不懂？婚礼马上就要举行了，可是你爬得这么慢，能赶得上吗？”就连一旁玩耍的蚯蚓也嘲笑它说：“别说婚宴早已结束，洞房也都闹完，等你赶到，恐怕小狮子王都已经诞生，并可以举行婚礼了。你像我一样在这里‘休养生息’吧！别痴心妄想了。”但小D依然非常坚持，它下定决心要像那些凶恶的猎犬一样咬定目标，毫不松口。

许多年后，小D终于爬到狮王洞口。只见洞口到处张灯结彩，各类动物不断云集。小D很是诧异，好心的小金丝猴告诉它：“今天，我们在这里庆祝狮子王三十世的婚礼。”如果乌龟小D听了梅花鹿、乌鸦的“规劝”当下便回头，又怎能赶上三十世狮子王的婚礼呢？

试想，如果你是小D，你会坚持到底吗？相信有99.9%的人会想都不想，或者不能坚定不移地坚持自己的目标而半途而废吧！

其实，无论在生活还是工作中，很多人之所以失败，不是因为他们没有目标，而是他们不能对目标坚定不移。一个人有可能仅凭赤手空拳打天下，最后却能使周围的人都依赖他，成为一个非常重要的人物，是的，好运总是青睐那些拥有目标，而且对目标坚定不移、执行到底的人。

一旦一个人像猎犬一样咬定目标毫不放松，又有什么能阻止他走向成功呢？

1. 目标也要“量身定做”

大多数人认为制定目标轻而易举，脑子一转就“手到擒来”。其实不然，目标也要根据自己的实际情况和发展方向“量身定做”，且要详细分析，尽可能关注到每一个细节，否则，太过缥渺不切实际的想法，只会让你到头来“竹篮打水一场空”。

2. 远大目标要分段

把远大的目标分割成每一周、每个月的各个小段执行，定期回顾这些目标，不仅可以让我们清楚了解自己的进度，而且已经完成的步骤还能激励我们继续坚持。

3. 实施目标时要“前紧后松”

在实施自己的目标时，刚开始的时间要计划得紧密一些，而且最好是每一小段都有充裕的时间去检查，如有纰漏也会有弥补的空间。而且，人都有惰性，遇到事情通常都是“三分钟热度”，只要在开始时把所有重要的、困难的优先解决，剩余的就算热情不高也能顺利完成。当你善于设立目标并把咬定的目标变为现实时，你会乐此不疲，因为它不但会让你有成就感，还趣味十足，会让你欲罢不能。

4. 把目标大声说出来

一旦把自己的目标告诉他人，所设定的目标将变得更加现实，我们自己也会感觉到付诸实践是责无旁贷的。当我们的目标受到公众舆论监督时，往往会感觉到从未有过的高度的责任感，坚定地将事情做好的意志也会更强。

5. 用笔记下你前进的脚步

在我们让周围人知道自己的目标后，留下永久的记录或证据表明我们自己说过什么，将有助于我们坚持实现自己的目标。这是因为在记录的过程中，我们头脑中的抽象思维需要转变成为具体的书面语言——这一过程让我们的计划和具体实施方法变得更加详尽更加现实，也让自己强烈感受到实践的责任感。除此而外，书面记录自己的计划还将因为它具有很强的确定性，而显示出更大的威力。这样，当我们以文字的形式书面记录下自己的计划之后，它便成为一份长期存在的证据。它的存在无时无刻不在提醒我们，向着目标努力是自己无法推卸的责任。不仅书面记录下自己的计划很重要，跟踪自己实现目标的步伐更能让自己有坚持的动力。

（二）在责任心的驱动下实现坚持

【阅读案例】

战争题材电影《兄弟连》曾风靡全球，一上映就获得广泛赞誉。熟悉该影片的人都知道，所有E连的弟兄都极有责任感，责任感让他们从毫无经验的一介平民百姓，变成全军最精锐的特种部队E连；责任感让他们从身陷绝境，到坚持着冲破包围成功收复失地。

1944年6月6日，数千名空降士兵乘坐飞机横越英吉利海峡前往法国诺曼底，在猛烈的炮火攻击下很多人提前跳伞，不仅没有准确跳到预定地点，还在降落中失去武器或补给。不少参战的战士心理出现问题："运输机难道不能飞高吗？怎么会被地面击中呢？"在温特斯中尉的组织下，所有落单的人开始向集结地赶去。强悍者告诉胆怯者：这是一场比赛，一场橄榄球，只有担起自己的责任，一码一码坚持往前，才能赢得胜利。后来，在责任感的驱使下，他们不仅成功在敌军眼皮下汇集，还攻下一个炮台要塞，圆满完成了任务。

责任心越强的人越懂得如何坚持。一个有责任心的人，即使开始时能力不足，也能在责任的驱使下变得越来越强，尤其是遭遇到困境和阻碍时能表现出来。一个人的责任感并不是与生俱来的，而是可以靠后天的培养，并且可以弥补一个人在其他方面的很多弱点，一个真正有责任心的人就会懂得如何坚持，也能在困境中坚持到底。

【阅读案例】

《当幸福来敲门》这部影片讲述了金融界最富传奇色彩的克里斯·加德纳的故事。

他早年时生活极其潦倒，成家后，对家庭对自己的责任让他不甘心庸碌一生。他在已近而立之年时，不顾妻子的反对，毅然决定放弃普通的医疗器材推销职业，想要转行到风险颇高、报酬不菲的金融业。然而，命运就像是和他开玩笑一样，一时之间，所有糟糕的事都一股脑降临到他身上，正当他辞去医疗器材推销员的工作时，原本要介绍他进入金融业的介绍人刚好也被炒了鱿鱼，这样一来，金融业的工作也没了。没有收入的他为了养家糊口，不得不什么事都做——割草、打扫地下室、运送垃圾，甚至学着粉刷墙壁。

虽然没有放弃努力，但一直入不敷出。有一次，他和妻子争吵之后，有人叫来了警察。例行检查后发现他有一张没有支付的违规停车罚单，导致他被监禁了十天。更糟糕的是，在他被监禁期间，妻子带着儿子出走了。这接连发生的不幸几乎把他打垮，但为了儿子，为了为人父该有的责任，他坚持了下来。从监狱一出来，他就去见经纪商，面试成功后他被留下接受训练，但在培训期间没有任何薪资。几个月之后，妻子把儿子交还给他，但宿舍不允许小孩居住，他只好每天带着儿子住庇护所或是睡在大街一角。有时候，他们就睡在交通中转站的盥洗室，甚至他工作的桌子下面。无数个夜晚，看着怀中毫无怨言、沉睡的儿子，他泪流满面……

但这样的磨难，却从未摧毁父子间的亲情和信念，在儿子的不断鼓励下，在坚强意志力的支撑下，在对自己及对儿子负责的责任感驱使下，他愈发坚强起来，并迸发出了惊人的斗志。

就这样，他们坚持了整整一年。一年后，就在儿子收拾东西准备再奔庇护所时，历经多次挫折的他拿到了新家的钥匙，从此结束了流浪的生活。几年之内，他实现了在华尔街立身的梦想，并开办了以自己名字命名的证券公司，从一个穷困潦倒的投资经纪人变成了世人瞩目、人人景仰的著名金融人士。在谈及他的成功经验时，他只说了一句："责任迫使我不断坚持。"

这个真实的故事给了你什么启示呢?

列夫·托尔斯泰说："一个人若没有坚持的意志，他将一事无成，而一个有责任心的人又最懂得如何坚持。"无论在生活还是工作中，人要有爱心、信心、进取心，但这些"心"的所有基点都在于责任心，从某种意义上讲，一个人的责任心决定了他在人生舞台上坚持多久。再艰难的困境和险阻，也可以因为对责任的坚持而成功跨越。

"负重的船才行驶得稳，空船很难经得起风浪"，负责任是所有成功者的共同点，也是他们取得巨大成就的基石。有责任感的人绝不会因为任务复杂而不敢挑战，也不会因为一时的困阻为自己找放弃的借口。不管被派到哪里，坚守什么样的岗位，做什么样的工作，他们都不会无功而返，反而会让自己坚持到发掘出自己的潜能。

（三）寻找一位榜样人物

帮自己找一个榜样，激励自己，虽然不一定会让你和他一样拥有卓越成就，但一定能让你干劲十足。

无论哪个时代、哪个领域，总有一些人在某一方面或多方面比其他人更醒目、出众，做出了比多数人更突出的贡献和业绩。所谓榜样，正是这样相对优秀的人身上表现出的出众特性。同样，任何一个不断发展、不断进取的时代和行业，也断然不会忽视、漠视榜样的力量。职场中亦是如此，尤其是那些想在职场上宏图大展取得巨大成就的人，更要找一个榜样激励自己。

榜样不是僵硬的"样板"，当你以榜样为目标激励自己时，也要从自身实际出发，不要什么都照葫芦画瓢，事事复制。毕竟，时间、环境时时刻刻都在变化，没有人可以完全照抄他人的成功历程而获得成功。

【阅读案例】　　银领学子王谦——在坚持中成长

王谦是银领学院信达期货订单班的毕业生。毕业后第三年他成为信达期货团队经理，第四年荣升部门总经理助理。王谦是如何实现在职场上站稳脚跟的？让我们一起来读一读他的成长故事。

大三寒假刚过，第一期订单班同学就已经开始到信达期货实习。在为期一个月的系统培训后，真正的考验就开始了。杭州城北钢材市场、运河钢材市场、萧山工业区……他们的足迹几乎遍布杭城，温州、台州、宁波、上海等周边城市也不乏他们的身影。王谦明白，业务初期其实就是跑市场，被客户以各种理由拒绝是常态，在无数次的拒绝中才会有成长，所以保持一份良好的心态就显得非常重要了。

“进入信达的头几个月，我们订单班的同学都出去开拓市场，不少同学受不了被无数次地拒绝，就离开或转岗了，好在我对别人的冷嘲热讽不会特别放在心上。”通常来说，在期货行业，付出和回报不一定能成正比，何况是刚入行，也许需要长达一两年的蛰伏期才会出成绩。就在有些人知难而退时，王谦选择了坚持。“如果达不到考核要求，信达把我淘汰，我就去其他期货公司接着干。”他这样说。刚进信达期货的头3个月，王谦几乎是“零业绩”，而跟他同一批进来的同学们相继谈下了一些业务，半年之后甚至有一些同学的业绩已突破百万大关，而此时的王谦仍然没有摆脱“零业绩”的尴尬，仍在反复被拒绝中挣扎。眼看着同学们一个个开户签单，他的压力陡增，但他没有气馁和退缩，而是坚信自己总有“拨开云雾见月明”的一天，依然日复一日地坚持做事。而且他不仅自己坚持，还鼓励其他业绩差的同学继续坚持下去，这份坚韧的心态令伙伴们钦佩不已。

成功往往就在于多坚持一点点，工作半年以后他终于开发到了自己的第一个客户。“万事开头难”，既然这“开头难”已经攻克，接下来就没有更难了，随后他在期货市场如鱼得水。王谦的这份成熟与担当，公司领导一直看在眼里，第二年把业务主任的重担交给他，让他带领几个小伙伴共同开发新市场。2014年，王谦带领的团队当选为“公司最佳团队”。荣誉的背后，是大家共同努力的结果，但与王谦成熟稳重的带队方式密不可分。一步一个脚印走来，他觉得自己没什么特殊的秘诀，无非“付出”二字。因为他坚信，付出早晚会有回报。

（四）寻找支持团队与最佳战友

在培养自己意志力的过程中，还有一个关键的要素，那便是他人的支持。亲人、朋友，或者同事，都可以成为支持、鼓励、激励你的人选，或成为友善的提醒者。

一位朋友分享了他在坚持行业考试时的真实经历：“在我工作10年后决定重新参加行业最高端的三项行业考证的时候，我的一位邻居恰好进行其中的一个项目的学习，于是，我们决定一起学习。我们不仅相互鼓励、相互激励、相互提醒我们的共同目标，还感觉到了一种报答对方大力支持的责任感。甚至在我已经无法忍受凌晨5点起床去学习时，我仍然强烈地感觉到应该义不容辞地为了邻居而坚持。我不能让他失望。这一额外的激励常常让我超越自己。这样的坚持让我在参加考证时呈现出良好的结果，我的工作开始向好的方向变化。”

课堂互动

意志力就像肌肉，通过不断重复的练习，逐渐强壮，根系也会逐渐深入下去。

我现在宣布，从即日起，我将在以下几个方面锻炼自己的意志力：
1.
2.
3.
4.
5.
……
签名：　　　　　　　　　　日期：
证明人签名：　　　　　　　日期：

学习借鉴 | 在反省中每天为自己注入正能量

实习周记：今天的我与昨天的我有什么不同？时间总是过得那么快，在招行的日子已经有两个月，每天面对同样的人——哥哥姐姐们，他们是那么的和善团结与自信，这种自信来源于他们是优秀的，是谨慎的；每天又面对着不同的人——客户们，他们每次都是急切或平和的，这来源于他们要做的事，以及我将要做的事。我还是原来的我，但是每天都有进步，每天我都充满着学习的激情，或许我还没正式去操作业务，又或许是值得我学习的地方太多了，每一次进步都寓示着我不懂的和不会的还有很多，但是我成长了，我有一颗认真学习的心，我认真对待每一天。

教师点评：今天的我与昨天的我有什么不同？养成总结、反省的习惯，并在总结、反省中为自己每天的工作、学习、生活注入正能量，是促进自己持续进步、感受幸福成长的重要方法。记得有这么一个算式：$0.99^{365}=0.025\,5$，每天少做一点点，365天累积起来成果会少得可怜；$1.01^{365}=37.783\,4$，$1.02^{365}=1\,377.408\,3$，每天多做一点点，再多进步一点点，365天累积起来收获就大得惊人。人与人之间的差距，就是这么拉开的。走上工作岗位后，记得每天问自己：今天的我与昨天有什么不同？每天争取多进步一点点，坚持进步哪怕就只有一点点，一年之后，你的学识、能力、素养都会上一个新台阶！

练习单元 4 感恩心态

学习目标

理解感恩的含义及感恩对职业发展、幸福生活的重要意义，培养感恩意识和感恩心态，并将感恩行动落实到日常的工作、学习、生活之中，将感恩内化为素质素养。

情境导入

2020 年 8 月 17 日人民网以"'英雄之城'的感恩与自信"为题报道：越来越安全的武汉开始对全国游客开放所有 A 级旅游景区，并免费预约。为此，武汉市文化和旅游局发出倡议：呼吁广大市民朋友错峰出游，尽量将热门景区双休日、节假日的预约机会，优先留给外地游客。倡议发出后，武汉市民留言表示支持，并欢迎外地游客前来，给出热门旅游攻略，感恩好客之情溢于言表。武汉免门票开门迎天下客，黄鹤楼、大美东湖等热门旅游景点正在逐步恢复往日的喧嚣。武汉礼让外地游客不止于感恩，还有发自内心的友善和真诚：方舱医院墙壁上贴满感谢信，送别援鄂医护时高呼感谢，确认武汉安全后就第一时间邀请援鄂医护人员返武汉看看，邀请全国民众到武汉旅游……8 月 15 日是武汉市文旅局发出市民错峰游倡议书后的首个周末，外地游客纷至沓来，预约不仅更便捷高效，还有团队绿色通道、志愿者服务，武汉人民的热情让风景平添了几抹亮色。

2020 年初新冠肺炎疫情突如其来，武汉的疫情牵动全国人民的心，一方有难、八方支援，全国各地各界纷纷伸出援助之手支援武汉。战"疫"期间，武汉人民就以各种形式表达了感恩之情，确认安全之后又邀请全国民众到武汉旅游。其实，不仅仅是武汉，这次全国的抗击新冠肺炎疫情的战斗，就是最生动最真实的教材，是一次感恩教育大课，使广大青年学生知恩情、勇担当、报国恩。

自我测试

测试你的感恩水平——感恩问卷

这个量表是研究了 15 年感恩的心理学家罗伯特·埃蒙斯（Robert Emmons）编写的。

感恩量表

1= 强烈不同意　2= 不同意　3= 有点不同意　4= 中立

5= 有点同意　6= 同意　7= 强烈同意

1. 我生命中有特别多让我觉得感激的东西或者人。

2. 如果我要列出所有我所感激的东西或者人，那这个单子将会很长。

3. 当我看这个世界时，我看不到很多值得我感激的东西或者人。

4. 我对很多不同的人感激。

5. 随着岁月的增长我发现自己越来越能够欣赏那些在我个人历史中的人、事件或者情境。

6. 在我感觉到对什么事情或者人感激之前，可能已经过了很长时间。

7. 我的人生被深深地祝福了。

8. 老实说，要让像我这样的人感恩，那需要是一件非常重大的事情。

9. 我对生命本身有种非常美好的感恩的感觉。

10. 我经常回想我的生命是如何因为别人的努力而变得更轻松自在的。

如何计算你的分数

1. 把你在 1,2,4,5,7,9 和 10 项的分数加起来。

2. 把你在 3,6,8 三项的得分反过来相加。也就是说，如果你得分是 7 分，那么把它变成 1，如果你得分是 6 分，那么把它变成 2，以此类推。

3. 把你刚刚在 3,6,8 三项的反向得分相加之后，再加上第一步你的总分数，就是你最后的感恩水平的分数。这个分数应该在 10 到 70 之间。

如何解读你的分数

65 ～ 70 分：极高的感恩水平

在这个分数值的人有能力把生命看成是一份礼物。对你来说，感恩是一种生活方式。

59 ～ 64 分：很高的感恩水平

你在生活里经常表达自己的感恩，你有能力很容易地认识到别人是怎么帮助你的。

53 ～ 58 分：较高的感恩水平

你的感恩水平在平均值以上，而且你发现花时间去想值得你感激的事情是比较容易的。

46 ～ 52 分：平均感恩水平

你可能发现当事情进展顺利时，你很容易去感恩。但也许在困难时期就比较难保持这种感恩的心态。

40 ～ 45 分：平均值以下的感恩水平

在你生命中去寻找感恩的理由对你来说还是一件有些困难的事情。生命与其说是礼物，不如说是一种负担。也许你在经历一个低谷期。但是即使你没有经历低谷，经过今天也很可能改变你看世界的眼光和你的生活。

知识解读

感恩，指因意识到被给予而自发认为是被恩赐或被爱，从而产生感谢对方的心理活动或现实行动。感恩是对一个人是否具备善良品质的基本参考特征之一。学会感恩，为自己已有的而感恩，感谢生活给予你的一切，这样你才会有一个积极的人生观，才会有一种健康的心态。感恩是积极向上的思考和谦卑的态度，它是自发性的行为。当一个人懂得感恩时，便会将感恩化做一种充满爱意的行动，实践于生活中。一颗感恩的心就是一粒和平的种子。感恩不是简单的报恩，它是一种责任、自立、自尊和追求一种阳光人生的精神境界！

感恩是中华民族的传统美德。《诗经·卫风》说："投我以木桃，报之以琼瑶。匪报也，永以为好也。"孟郊的《游子吟》有："谁言寸草心，报得三春晖。"清代龚自珍的《己亥杂诗·其五》曰："落红不是无情物，化作春泥更护花。"俗话说："滴水之恩，当涌泉相报。""知恩图报，善莫大焉。"清明节、重阳节等中华民族传统节日也都充满了感恩的元素。中国传统文化还重视将"感恩"思想落实为"报恩"的具体行为，成语"结草衔环"包含着老人在战场结草绳替女儿报恩以及黄雀衔玉环回报救命之恩的两个故事，"退避三舍"最早来源是晋文公报答楚成王在他避祸流亡时的收留之恩，"一饭千金"是韩信报答民间老妇在他走投无路时的一饭之恩。

感恩是为人处世的基本修养。常言道：人性最大的恶，是不懂感恩，人性最丑陋的一面，是忘恩负义。为人可以不优秀，但是不能没良心；可以不成功，但是不能不知感恩；可以什么都没有，但人品一定要端正。不懂退让的人处不长，不懂感恩的心填不满，对于懂得感恩的人，人们就会给他更多，对于不会感恩的人，大家就会离他更远。因此要积极面对生活，感恩那些欺负你的人，因为他磨炼了你的意志；感恩那些欺骗你的人，因为他丰富了你的经验；感恩那些轻视你的人，因为他觉醒了你的自尊……要怀着一颗感恩的心，感恩国家、感恩社会，感恩一切关心你、帮助你、培养你甚至伤害你使你成熟的人。知恩图报，你的格局才会越来越大，人生之路才会越走越宽。

感恩是职业发展的核心素养。要想实现自己的人生价值，就必须珍惜自己的工作岗位，不要把工作当作养家糊口的工具，不要仅仅为了谋生而工作。如果每天都带着一颗感恩的心去工作，就会拥有自信、坚定、善良这些美好的处世品格，工作时的心情就会是非常快乐而积极的，感恩是一名员工做好工作的精神动力。懂得感恩的员工，才能更加得到领导的关注、同事的帮助、客户的支持，才能获得更多锻炼与成长的机会，心存感恩方能行稳致远。

感恩是幸福生活的源泉。美国心理学会主席马丁·塞利格曼提出 24 项积极心理品质，感恩就是其中之一。感恩作为积极心理品质，可以帮助人从正面、乐观、幸福的角度看待世界及身边的人和事。具备积极心理品质的人，心胸豁达，不管是人际关系、生活状态，都比消极、悲观等负面情绪多的人更好。感恩有助于促进人与人之间和谐共处。怀着感恩之心生活，心态就会谦逊和谦卑，就会对外界产生友善的敬畏感。感恩还能加强人与人之间的感情交流，促进人们和谐相处。中国科学院心理研究所心理健康应用中心测评主管肖震宇曾在接受《生命时报》采访时说，市场经济条件下，人们开始用金钱衡量人际关系，销售者将顾客奉为上帝，顾客则认为销售者提供商品和服务，顾客付出金钱，理所应当，不必谈感谢。这种错误理念甚至延伸至朋友、家庭关系中，导致人们不懂感恩，人际关系越来越淡漠。一个人不懂感恩，意味着他一直在索取，没有看到已经拥有的，欲望得不到满足，因而不会快乐幸福。对于不懂感恩的人，别人会觉得他不值得帮助。越得不到帮助，其欲望越不能被满足，就越不懂得感恩，久而久之会被社会群体排斥。

案例分析

一天，有人问一位老先生，太阳和月亮哪个比较重要。那位老先生想了半天，回答道："是月亮，月亮比较重要。""为什么？""因为月亮是在夜晚发光，那是我们最需要光亮的时候，而白天已经够亮了，太阳却在那时候照耀。"你或许会笑这位老先生的糊涂，但你不觉得很多人也是这样吗？每天照顾你的人，你从不觉得有什么，若是陌生人偶尔帮助你，你就认为他人好；你的父母家人一直为你付出，你总觉得理所当然，甚至有时候还嫌烦；一旦外人为你做出了类似行为，你就会分外感激。这不是跟"感激月亮，否定太阳"一样糊涂吗？

赵娅和钱丽是形影不离的好朋友，赵娅不喜欢吃鸡蛋，学校里每次发点心等食品时，她都会把鸡蛋给钱丽。钱丽一开始很感谢，时间久了也就习惯了。习惯了，就觉得理所当然了。直到有一天，赵娅把鸡蛋给了孙静，钱丽就很不高兴，她忘记了这鸡蛋本来就是赵娅的，她爱给谁都可以。为此，钱丽和赵娅大吵一架，从此绝交了。

两则故事告诉我们，当太阳一直都在，人就忘了它给的光亮；当亲人一直都在，人就会忘了他们给的温暖。一个被照顾得无微不至的人反而不会去感恩，因为他认为，白天已经够亮了，太阳是多余。在现实生活中，我们往往忽视了自己已有的，认为他们是理所当然，对于自己没有的，又会抱怨命运的不公，仿佛这个世界欠我们很多。

思考训练

感恩包括三个层次的内涵：一是认知层次，即认识和了解自身所获得的恩惠和方便，并在内心里产生认可；二是情感层次，即在认知基础上，衍生出一种愉悦、温暖和幸福的情感，从而转化为一种自觉的感恩意识，一种回报恩情的冲动；三是实践层次，即将感恩的意识和回报的冲动转化成为报恩乃至施恩的行为，并形成习惯。这三个层次相辅相成，形成一个有机的统一体。

因而，提高感恩水平、培养感恩心态，需要有意识地学习与训练。

首先，要培养感恩意识，积聚感恩情感。耶鲁大学校长彼得·沙洛维在2014年毕业典礼的演讲中说："表达感恩的能力不仅是社交礼貌，也是一种核心竞争力。”从小到大，我们都是在父母、老师的呵护下成长进步，往往习惯了被给予而忽略了感恩。走向职场后，要清楚地知道，领导、同事对我们的关心、指导、帮助并不是他们职责范围内应该尽的义务，而是对我们额外的照顾，我们需要心怀感恩，更需要将感恩之情表达出来让他们知道。对指导你业务操作、帮助你解决难题、关心你工作生活的领导、同事、客户心存感激，而不要认为这些是他们理所当然的分内之事而坦然接受，更不能因为他们帮助、关心不到位而心生怨念。社会不比家庭、学校，领导、同事、客户不像父母、老师有义务有责任教育你、指导你甚至迁就你，所有对你的关心帮助都值得你发自内心的感恩、感谢。

思考反省：你平时具备感恩意识吗？

其次，要落实感恩行动，让感恩成为一种习惯。在单位里，知道感恩的人会更受到欢迎，会更容易融入团队，会收获更多的帮助与指导，会获得更多的发展机会。怀着一颗感恩的心去做事，会更用心、更踏实、更有成效。我们不要对陌生人的指点感激不尽，而对父母、师长、领导、同事这些身边熟悉的人对自己的关心帮助视为理所当然，或者缺少表达。从今天开始，请向关爱你、帮助你、指导你甚至批评你、伤害你的人，打一个问候电话、递上一杯热水、发一段微信祝福、送上一份节日礼物，用言语行动来表达你的感恩之情，并让感恩行动成为你的习惯，内化为你的素养。

思考反省：你平时的感恩行动主要有哪些？

再次，要主动践行施恩，播撒爱的种子。在工作、生活中要主动关心、帮助身边的人，工作之余要积极参加志愿者服务，参加社会公益活动，力所能及地多关心、帮助他人，让生活氛围更加融洽，让人生更加幸福美好，让世界充满爱的阳光。

思考反省：你准备如何践行施恩行为？

课堂互动

我们在日常的生活、学习中，似乎更多地想着自己，觉得身边的人对自己的好是理所当然的，忽视了来自身边的关爱。学会感恩，从感恩父母开始。

请填写“我所了解的父母”问卷，测测你是否关心父母：

爸爸的生日是（　　　　），妈妈的生日是（　　　　）；

爸爸最喜欢吃的食品是（　　　　），妈妈最喜欢吃的食品是（　　　　）；

爸爸的兴趣爱好是（　　　　），妈妈的兴趣爱好是（　　　　）；

爸爸最得意的一件事是（　　　　），妈妈最得意的一件事是（　　　　）；

爸爸最后悔的一件事是（　　　　），妈妈最后悔的一件事是（　　　　）；

爸爸最大的优点是（　　　　），妈妈最大的优点是（　　　　）；

爸爸最大的缺点是（　　　　），妈妈最大的缺点是（　　　　）；

爸爸对我的期望是（　　　　），妈妈对我的期望是（　　　　）。

再回答下列问题：

1. 你多久和父母通一次电话？

2. 你和父母通电话的主要内容是什么？

3. 你上次关心问候父母或向父母表达感恩是什么时候？

回答完之后，请同学分享自己对父母的了解，讲一个父母关爱自己的故事，讲一句最想对父母说的话。

最后，一起欣赏歌曲《烛光里的妈妈》《感恩的心》。

学习借鉴 | 用感恩之心点亮成长的道路

实习周记： 这一周，是我最充实又开心的一周，因为师傅们终于开始培训我上柜了。第一次上柜，我自己都受不了自己的“蠢”，但师傅们还是耐心地在背后指点，一步一步教我。主管的和蔼和关怀备至，师傅们的认真与严谨，都让我感受到了这个大家庭不一样的温暖。笨手笨脚的我，必须如主管所说“要逼自己一把，做业务才能快起来”。我觉得自己总是如此幸运。很幸运来到湖州，遇到如火般温暖的招行。很幸运地在大三订单班，遇到严厉而又对我们如此关心的班主任。谢谢您，牟老师，有您的爱陪同我们成长，我们没有理由不坚强！

教师点评： 初次走上工作岗位，遇到的领导也许和蔼也许严厉，遇到的同事也许热情也许冷淡，遇到的顾客也许温和也许刁钻。社会就是这样，有温情也有冷漠；工作就是这样，有收获的喜悦也有失败的痛苦。面对同样的社会环境，有的同学满是感恩，而有些同学却尽是抱怨。懂得感恩的同学心胸宽广、乐观开朗、积极进取，赢得了领导的欣赏、同事的信任和顾客的赞赏，好运自然接踵而来，便有了更多感恩的理由，生活便充满阳光。只会抱怨的同学心情郁闷、脸色阴沉、消极放纵，必然招致更多的冷漠甚至批评与指责，便有了更多抱怨的借口，于是日子满是阴霾。因此，对于很多同学来说，需要改变的不是环境，而是自己的心智模式和人生态度。在工作中，要学会勇敢地用言语表达自己的感谢，踏实地用行动表达自己的感恩。懂得表达感谢、感恩的你，一定会成长得更快、发展得更好、生活得更幸福！

课后提升

1. 列出值得感恩的人和事以及值得感恩的理由，讲述关于自己的一个感恩故事。

序号	值得感恩的人	值得感恩的理由	值得感恩的事	值得感恩的理由
1				
2				
3				
4				
5				

2. 分享你计划采取的感恩行动：

（1）

（2）

（3）

（4）

（5）

（6）

3. 列出你计划参加的爱心活动：

（1）

（2）

（3）

微课：感恩心态　　案例：感恩心态

练习单元 5 抗逆力

学习目标

能理解逆境对每一位职场人的发展都有着双刃剑的作用，在测试中了解自我的抗逆力情况，通过抗逆力方法的学习实现自我激励，以更阳光的状态去解决生活和工作中的问题。

情境导入

有一头驴子，不小心掉进一口枯井里，农夫绞尽脑汁想办法救出驴子，但几个小时过去了，驴子还在井里痛苦地哀嚎着。最后，这位农夫决定放弃，他想这头驴子年纪大了，不值得大费周章去把它救出来，不过无论如何，这口井还是得填起来。于是农夫便请来左邻右舍帮忙一起将井中的驴子埋了，以免除它的痛苦。农夫的邻居们人手一把铲子，开始将泥土铲进枯井中。当这头驴子了解到自己的处境时，开始哀嚎得更加凄惨。但出人意料的是，一会儿这头驴子就安静下来了。农夫好奇地探头往井底一看，出现在眼前的景象令他大吃了一惊：当铲进井里的泥土落在驴子的背部时，驴子用力将泥土抖落在一旁，然后站到了泥土堆上面。它把大家每一次铲倒进来的要埋葬自己的泥土，当成垫脚石。就这样，驴子利用泥土很快地上升到井口，然后在众人赞叹和惊喜的表情中快步地跑开了。

就像这头驴子遇到的情况一样，在生命的旅程中，有时候我们难免会陷入“枯井”里，会被各式各样的“泥沙”倾倒在我们身上，但是在看似无解的绝境中却很可能潜藏着生机，故事中这头驴子从这口“枯井”中脱困的秘诀就是：将“泥沙”抖落掉，然后站到上面去。

自我测试

抗逆力测试

请通过下列问题对自己的该项能力进行测评。

1. 你认为自己是什么样的人？

A. 有为之奋斗的人生目标　　B. 随遇而安　　C. 很难承受过重的打击

2. 当你遭遇到重大苦难时，你会怎样想?

A. 方法总比问题多

B. 事情总会向好的方向发展

C. 很倒霉，也许会有好转

3. 你认为下列哪个目标会有更好的激励效果?

A. 一年内挣到 30 万元

B. 挣得 50 万元

C. 很有钱

4. 假如你是一名推销员，当被客户拒绝时你会怎么想?

A. 这是我下一次成功的开始

B. 他可能不是我的客户

C. 很受打击

5. 当你在评级中排名靠后时，你会怎样想?

A. 分析自我的原因，找到差距

B. 分析前三名，进行学习

C. 无所谓

6. 当你在执行任务中遇到重大难题时，你如何处理?

A. 认为自己一定会解决

B. 把问题分解，逐步攻破

C. 向其他人员求助

7. 当别人对你发表负面言论时，你如何看待?

A. 这有助于发现我的缺点

B. 每个人都有缺点

C. 走自己的路，让别人去说吧

8. 当上司给你一项挑战性的任务时，你会怎样想?

A. 我一定做得比上司想象的好

B. 我会想办法做好

C. 只能试试看

9. 你通常如何激励自己?

A. 设定目标，树立标杆

B. 鼓励自己，同自己对话

C. 通过座右铭提醒自己

10. 你如何看待你的竞争对手?

A. 最大的对手就是自己

B. 我喜欢挑战强大的对手

C. 都比较强大，无法超越

评分标准：
选 A 得 3 分，选 B 得 2 分，选 C 得 1 分。
24 分以上，说明你的自我激励能力很强，请继续保持和提升。
15 ～ 23 分，说明你的自我激励能力一般，请努力提升。
14 分以下，说明你的自我激励能力很差，急需提升。

知识解读

一、面对逆境

孟子曰："天将降大任于是人也，必先苦其心志，劳其筋骨，饿其体肤，空乏其身，行拂乱其所为，所以动心忍性，曾益其所不能。"同样，现代社会的每一个人都会面临逆境的考验，逆境就如一块试金石，考验着人们的心态。

【阅读案例】

他出生于西班牙一个贫困之家，父亲是一个铁匠。因为生活贫困，他和他的 7 个兄弟姐妹跟随父亲到处东奔西跑，颠沛流离的童年生活，使他仅受过中学教育。23 岁，他来到意大利，参加了西班牙驻意大利的军队，在激烈的战斗中，他负了 3 处伤，以至于被截去左手。退伍回国后，他虽历任军需官、税吏等公职，但一事无成，反而曾被投入监狱。负债累累、命途多舛的他想到了自杀。

他的铁匠父亲知道后，叫来儿子，把一块烧得通红的铁块放在铁砧上狠狠地捶了几下，随手丢入身边的冰水中。"哧"的一声，水沸腾了，缕缕白气向空中飘散……父亲说："你看，水是冷的，铁是热的，热铁遇到冷水，如果不想被冷水冷却，就得让水沸腾。现实生活中不如意者十有八九，有人哀叹，有人释怀；有人不平，有人坦然；有人等待，有人寻觅；有人颓废，有人沸腾。""孩子啊，你要学会让自己在逆境中沸腾。"父亲又补充了一句。他猛然得以警醒，做人当如一块烧得通红的铁块，让自己沸腾，也让周遭的冷水沸腾，这才是真正的人生价值之所在。他最终选择了文学事业，决意著书立说，因为他有丰富的人生阅历。后来他果然成功了。

他就是西班牙的伟大作家塞万提斯，他所著的《堂吉诃德》风靡世界长达 300 余年，是世界文学史上最优秀的文学作品之一。

二、正确看待逆境

逆境常常是由社会客观条件、人的自身条件和人在其成长中所处的地位等共同决定的。家庭出身贫寒，生活环境差，不可改变；天灾人祸，突如其来，令人束手无策，非人力可抗拒；重大疾病、意外伤残、先天不足、生理缺陷，是人生的一种不幸；人微言轻，怀才不遇，只能默等时机；初来乍到，环境不利，人际生疏，工作尚不能打开局面，只能从头做起……逆境如同一把双刃剑，它可以为人所用，也可以把人割伤。人在客观世界中有时确实无法选择自己的处境，但也有人会由于自己或他人的激励，受到巨大的鼓舞，从而摆脱逆境，取得成功。

（一）交流沟通，缓解压力

人常常在逆境下感到巨大的压力，容易产生焦虑、沮丧、忧郁、害怕等精神症状。积极的交流沟通是应对逆境最有效的方法。交流沟通能够帮助处于逆境的人克服焦虑或沮丧，改变自我认知。一旦找回了自我价值，压力就会减少，症状也就消失了。

（二）消除怀疑，培养自信

逆境中自我怀疑和失去信心是常见的心态。任何人，无论表现得多么自信，身处逆境时也难免对面临的挑战缺乏自信心。自信心长期丧失，情绪不免低落，这会影响到对自己能力的认识，压力也随之产生。在成长的路上，人总会遇到挫折、失败，当身处逆境时，努力消除怀疑，培养坚定的自信才是正确的解决之道。

（三）利用愿景，展现未来

人们在逆境中需要了解自己未来长期的愿景和目标到底是什么。只有知道未来的方向并觉得有机会达到目标时，人们才会有一致的行动目标，才可以依据共同的目标找到自己的方向。身处逆境的人需要运用未来的目标激励自己，向目标前进。

（四）理性思考，坚实行动

逆境下的人，往往因为害怕再次遭受打击而恐惧行动，只是在不得已时才会行动。其实，人们只有干起来之后，才会产生行动的欲望。理性地进行思考，选择正确的方向，认准了某件该做的事，就应该立即行动起来有效地完成。诚然，行动免不了失败，但是失败了，还可以再爬起来，并在逆境中锻炼坚毅性格。唯有这样，激情才能成就梦想，梦想才会变成现实。

（五）点滴成绩，也须肯定

身处逆境，人们的注意力大多专注于坏消息，从而遗忘取得的点滴成绩。其实，成绩不论大小，都值得肯定。这样更能使得逆境中的人建立信心，从而有效地摆脱逆境。

三、学会积极面对逆境

（一）制定明确、有效、可行的目标，并进行目标的合理分解

很多人之所以缺乏自我激励的动力，是因为他们的目标模糊不清，且遥不可及，从而使自己失去动力。自我激励要持续发挥作用，就需要将最终目标分解为阶段目标，并将阶段目标分解为每天的目标，使目标变得触手可及。

（二）进行适当的奖励和惩罚

当按照自己的计划完成阶段性的工作任务和目标时，要对自己进行小小的奖励，

如美餐一顿、看场电影等，以此不断鼓舞自己；而当没有达成预定目标时，要进行小小的惩罚，比如少买一件衣服等，从而鞭策自己不断朝着最终目标努力。

（三）为自己选择一个竞争对手

竞争的魅力在于能够达到优胜劣汰的效果。想要保持每天激昂的斗志，就从战胜自己的竞争对手开始吧，在不断超越别人的同时，也能实现超越自己。

（四）激发对危机和挑战的乐趣

许多人乐于迎接挑战，是因为在危机和挑战中蕴含着机遇，如果把困难看作对自己的诅咒，就很难在工作中找到动力，如果学会了把握困难带来的机遇，自然会动力十足。

（五）把握好自己的情绪

人开心的时候，体内就会发生奇妙的变化，从而获得新的动力。但是，不要总想在自身之外寻找开心。真正快乐的源泉在于自己。情绪失落的时候，冲杯咖啡、听听音乐、向别人诉说都有利于调整自己的情绪，使自己保持良好的状态。

（六）恰当利用痛苦和失败进行刺激

在自我激励不足的时候，想想失败后别人对自己的看法和态度，回忆一下自己曾经的痛苦和遭受过的苦难，就会警醒，就能激发工作的斗志，达到自我激励的效果。

（七）远离“不和谐”的言行

在自我激励的过程中，要能恰当处理周围环境对自己的影响，避免别人的消极言行对自己造成影响，影响自己的信心和行动。

思考训练

我的成长轨迹

1. 活动目的

反思和总结以往应对挫折的经验。学习从别人的经验中汲取成长的力量，运用求助的办法尝试解决问题。

2. 活动材料

大白纸张、小纸片若干，盒子一个。

3. 活动过程

（1）教师给每个学生发一张大白纸，让学生在纸上画一条线，在右侧标出箭头。这一条线代表生命线，起点代表出生的时候。请学生回忆自己成长过程中发生的事情，曾经遇到过哪些记忆深刻的挫折和困难，在空白的坐标上按时间顺序标出一个点代表自己所经历的重大挫折事件的时间。然后回想自己当时是怎么处理的，如果觉得处理得当，取得了满意的效果，请把事件名称简要地写在线的上面；如果感觉处理失败，不满意，请把它写在线的下面。最后，自己对自己以前处理挫折的经验作一个总结，想想能从中汲取哪些有益的成分。

出生 ————————————————————→

可取的做法：(　　　　　　　　　)

无效的做法：(　　　　　　　　　)

(2) 近期你正在经历哪些挫折和困难？这些问题是否还在困扰着你呢？请尝试运用以前的经验，写下一些方向性的指导意见。

我当前遇到的挫折情境是：(　　　　　　)

为了应对这个问题，我将：(　　　　　　)

课堂互动

进化游戏——从蛋到人

1. 活动目的

体验挫折；感受在挫折产生过程中自己的责任；总结成功战胜困难的经验。

2. 活动材料

粉笔。

3. 活动过程 / 规则

(1) 在地上用粉笔画出三条平行线，把地面分为四个区域，按区域顺序分别是："蛋"区域—"鸡"区域—"凤凰"区域—"人"区域；然后在另外一个地方，如教室角落单独画出一个较大的圆圈，代表"复活区"。

(2) 所有人刚开始都在"蛋"这个区域，通过猜"剪刀、石头、布"的办法，决出胜负，赢一局可以往上走一个区域，输了就往回走一个区域。

(3) 每人只能与同区域的人猜拳决胜负。即"蛋"与"蛋"决胜负，"鸡与"鸡"决胜负，"凤凰"与"凤凰"决胜负。

(4) 在"凤凰"与"凤凰"决胜负阶段输的人，只能转入"复活区"，等待与其他被淘汰进入"复活区"的人再进行复活赛，胜者重回"凤凰区"，输者继续留在"复活区"。

(5) 进化到"人"区域即为胜出，然后退出比赛在旁边等待。

(6) 每个区域都有相应的姿势："蛋"弯腰；"人"昂首挺胸；"复活区"蹲；"鸡"半蹲；"凤凰"单脚站立，另一脚踮地。

(7) 直到剩下的人找不到同区域的人比赛为止，游戏结束。最后没有进化为人的应该是"蛋、鸡、凤凰、复活区"各剩下一个人。

(8) 分组讨论：

当你在"蛋"状态时，你采取了什么样的策略？如果你最后仍留在"蛋"的状态或者留在"复活区"，你认为是什么原因？当你在这两个区域时是否依然有勇气努力去邀请别人和你猜拳？当你付出很多努力却一再输掉比赛时你有放弃的想法吗？如果在生活中真的碰到这种事情，你会采用什么办法？

学习借鉴 | 心怀目标，坚持不懈，终将成功

实习周记：这周的实习是对目标客户进行调研。我们很认真地制订了调研计划，对于目标进行地域划分，设计调查问卷。打印完问卷后，我们在超市买笔时尝试向老板发了一份，然而被拒绝了。之后开始在超市门口蹲点，继续尝试，继续被拒绝。那天风吹得很冷，备受打击，感受到来自世界的冷漠。从来没觉得发个问卷这么困难，当然中间也有一些人愿意帮忙填的。休息的时候总结了一下，人们的戒心通常会比较大，尤其是在我们发问卷的地方还有人在发传单，于是我们进行了话术上的调整以及地点的调整，最后慢慢做下来，总算是越来越得心应手，之后几天也是每天在进步。我们的内心太过脆弱，其实被拒绝才是理所当然，没被拒绝就该喜出望外。被拒绝多了也就好了，经历风雨才能见彩虹。

教师点评：雄踞《纽约时报》畅销书排行榜第一名近三年之久的《心灵鸡汤》一书出版前，在五个月的时间里被 159 家出版社拒绝、泼冷水，但作者没有放弃，行动始终如一、坚持不懈推销，最后才有一家小出版社同意出版。1993 年 7 月面世后，并没有一夜成名，直到一年之后，它才跻身美国畅销书排行榜榜首，其间作者坚持“每天五件事”的规定，每天都要采取五个行动或步骤，推广和销售他的书。做好一件事，要心怀梦想、确立目标，更需要坚持不懈，经得起挫折、打击，还要善于总结、改进。

职业岗位素质篇

方法单元 1 时间管理

学习目标

知晓有关时间管理的几个误区，分析做事拖沓带给职业人的困扰，根据80/20法则安排工作，学会根据ABC控制法使用时间。在生活中实践克服拖沓、掌握提高时间利用率的方法。

情境导入

小李如愿以偿地跳槽到一家大公司的销售部门做经理助理，这是一个很多人都向往的地方，工作经验不是很丰富的他深知要在这里立足，必须付出很大的努力。于是他每天加班加点，有时还要放弃周末的休息时间，但经理对他似乎很不满意，总是提醒他应该提高工作效率，多向其他同事学习。而小李自己也感觉时间总是不够用，似乎有忙不完的事情，无奈的他只好继续加班加点地工作。

就这样，两个月的时间很快过去了，朋友们因为小李要经常加班，很少约他出去玩，小李的工作也并不顺利，因为耽误了公司一个重要的方案而严重影响了部门的销售额。为此经理大为恼火，同事们也用异样的眼光看他，谁也不愿与他合作。经理已经找他谈话，告诉他，如果再不改变工作方法注重提高业绩，公司将提前结束他的试用期。此时的小李十分委屈，他觉得自己已经很努力了，领导却视而不见。小李不知道自己下一步该怎么办。

问题思考与讨论：小李碰到的问题是很多新人的困惑。职场新人该如何有效地利用并管理自己的时间呢？

自我测试

时间管理自我诊断法的一般方式是首先运用整理归纳好的处理时间的方式进行测验，这里列出了二十道测验题，每道测验题有三个答案，您可在您日常生活中常用的一种处理方式上划“√”，最后算总分。

1. 星期天您早晨醒来时发现外面下雨了，而且天气很暗，您将怎么办？

（1）本来就喜欢早晨睡懒觉，一看今天休息，没有了上班的约束，天又下雨，干脆躺着睡吧，第一个念头就是睡，也不考虑其他事情。

（2）本想立即就起床，但已养成了喜欢在床上逗留的习惯，心中对自己说：再躺五分钟吧！

（3）按照以往的生活规律，从容而有次序地穿衣起床。

2. 吃完早饭后，您还有一段自由时间，然后才去上班，您怎样利用？

（1）无所事事，没考虑安排什么，或是吸烟、喝茶，或是听广播，不知不觉地过去了。

（2）准备安排干点什么，但又无从做起，拿出这个又想到应干那件事。

（3）按照预先写好的工作程序单进行，或按标准工作程序，充分利用这一段自由时间，并收到了较好的效益。

3. 您上班后，面对纷乱繁杂的工作，将怎样开始呢？

（1）是开放式的，来什么工作就干什么工作，事先无准备，也不用计划，干到哪儿算哪儿，无人找就喝茶水、看报纸、打瞌睡。

（2）按照自己最大的能量来安排并紧张地进行工作，但时时有人打断自己的工作程序。因此，经常抱怨时间不够用，一天忙得很。

（3）首先把一天的工作按重要的程度、价值的大小、时间的缓急冷静地分析一下，排出一天工作的先后顺序，并能坚定不移地执行，排除任何人的干扰，哪怕只完成了前两件重要的工作。感到每天比较轻松。

4. 当您工作忙得不可开交的时候，感到有些力不从心了，您将怎样处理？

（1）开始有些泄气了，认为自己能力有限或是年龄大了，开始当一天和尚撞一天钟了。

（2）有干劲，虽然时间太少了，但仍不辜负组织的信托，拼命地干，力求多干一些工作。

（3）开始总结自己的工作时间分配是否得法，找出可以节约时间的方法，如把应由自己完成的工作授权别人去做，从效率和效益的观点出发重新安排自己的时间。

5. 当您发现了自己近来时间浪费的现象太多时，您有何感受？

（1）感到无所谓。

（2）感到很痛心。

（3）感到应当从现在起减少浪费时间现象。

6. 当一件工作摆在您的面前时，您将怎样处理？

（1）采取推诿的态度来看待工作，没有时间限制推着干。

（2）立即着手进行这项工作。

（3）分析这项工作是否必须自己去做，如自己做将在何时完成，达到什么程度，开始有一个小计划。

7. 您发现工作时时被人打断，您怎么办？

（1）听之任之，任凭其发展下去，来者不拒，海阔天空地漫谈，津津有味地闲聊。

（2）抱怨对方浪费了自己很多的时间，使自己什么工作也干不成，但却毫无办法。

（3）开始采取措施，分析原因，若越级找自己的人多，说明授权不够，下级责任不清。开始规定严格的接待时间，或者采取“隔离”的措施和“绝缘”的方法。

8. 当您开会的时间太多，每天都有很多需要应酬的会议时，您如何处理？

（1）每次会议必到，并从始至终参加。

（2）对一些会议不感兴趣，认为是一种负担，但自己出于礼貌，总不能摆脱。因此，在会议中思想经常溜号。

（3）果断地以会议对企业和自己的目标是否有影响、有无贡献为依据，而决定参加与否，对组织和个人均无贡献的会议（纯应酬性质的）谢绝参加。

9. 当您外出旅行，在旅途上，怎样打发这些时间？

（1）同车上的人闲聊，打扑克或睡觉。

（2）海阔天空地遐想，回忆往事或不知道干什么。

（3）有计划地运用旅途中的时间思索一些问题或阅读一些书刊，或构思一些文章等，总之有所收获。

10. 当您工作或学习的效率不高时，您怎么办？

（1）发扬连续作战的拼命刻苦的精神，继续坚持工作或学习，有一股干劲。

（2）休息一下，活动活动，轻松轻松，以图再战。

（3）把工作和学习暂时停下来，转换一下兴奋中心，待到效率最佳的时刻到来时，再高效率地学习和工作，不以工作时间的长短为准绳，而是以效率为标准。

11. 在与人谈话时，对方已离题太远时，您怎么办？

（1）随声附和，继续说不必要的话，毫不控制，唠叨不休。

（2）对对方的谈话毫无兴趣，经常溜号，纯属应酬。

（3）提醒对方，取得谈话的主动权，可说自己还有一个会（或有别人等着），尽快结束谈话，或询问对方有什么事需要自己办。

12. 当您工作出现了失误或失败时，您怎样处理？

（1）不认为是自己的失误，再出现这种状况时，还要这样干。

（2）沉浸在痛苦的回忆中，总是在叹息后悔。

（3）总结经验，着眼于未来，并心中暗暗下定决心，今后杜绝这种现象的发生。

13. 您在阅读时，是怎样进行的？

（1）无明确目的，见什么看什么，并常读出声来。

（2）能一面阅读一面选择。

（3）有明确的目的，运用快速阅读法加强自己的阅读能力，并能掌握阅读的技巧。

14. 当您主持开会时有人迟到，您如何处理？

（1）感到无所谓，因为自己开会就从不遵守时间，八点开会九点到。

（2）大发雷霆，开始训斥迟到的人：为什么不遵守时间，让大家等你一个人。

（3）了解一下迟到原因，告诫下属今后要按时到会，养成遵守时间的习惯，下不为例。

15. 当您要写一份总结报告，而写完大约需要十小时，您怎样开始？

（1）制订一个写作计划，每天写两小时，五天内写完。

（2）立即就开始动笔写总结报告，连续写十小时。

（3）用二至三天的时间进行思考，然后连续写下去，一气呵成。

16. 当您在作报告或讲课时发现听讲的人在睡觉，不注意听或互相说话的声音很大时，您怎么办？

（1）好像没看见一样，继续进行自己“精彩”的长篇演说。

（2）大为恼火，大声地训斥说话、睡觉的人，直到整顿好了会场的纪律，再津津有味地开始自己的长篇报告。

（3）开始意识到自己的讲话不受欢迎，大家对它不感兴趣，自己讲了很多不必要的话。立即采取措施，一是结合实际，讲大家感兴趣的问题，风趣一些；二是赶快把讲话结束，因为再多讲一分钟，就多浪费大家一分钟的宝贵时间。

17. 您有一件工作（比如编写年度计划）需要布置下去，您采取什么办法？

（1）召开一个会议，通知主管人员参加。

（2）下发一个文件进行通知。

（3）用电话向主管人员通知（或召开电话会议传达）。

18. 您每天晚上（或早晨）对第二天的工作时间怎样处理？

（1）不考虑，对时间支出无定量安排。

（2）心中和口头安排第二天的工作顺序和所用的时间。

（3）书面写出第二天的时间安排计划（先安排最重要和紧迫的工作）。

19 您的生活态度是怎样的？

（1）按部就班、平静如水。

（2）匆匆忙忙、精神紧张。

（3）轻松愉快、节奏明显。

20. 您的手表经常处于什么状态？

（1）常常慢。

（2）比较准确。

（3）经常比标准时间快一些。

【诊断结果】

1. 诊断标准采取评分的办法。对诊断后的结果进行定量分析，选（1）得1分，选（2）得3分，选（3）得5分。

2. 结果诊断方法。将上述测验题的得分总分与下列各分数段的评价相互对照，即可以诊断出自己的时间管理的类型，可大致了解自己的时间管理类型。

60 分以下：为放任型时间管理（失败型）。

60 ～ 80 分：为自发型时间管理（一般型）。

80 ～ 100 分：为自觉管理型时间管理（成功型）。

资料来源：石伟．工作效率提高法．北京：企业管理出版社，2007.

知识解读

一、时间管理中的常见问题

日常工作中，我们会遇到各种各样和时间有关的问题。比如：太多事情做不过来，经常感觉时间不够用；忙忙碌碌工作一天，却没做出什么成果；工作效率很低，经常被其他事情或人干扰；拖延症有点严重，做事总是有点拖拖拉拉；时间比较空闲，却都用在刷手机、打游戏这些事上……这些问题，多数情况下并不是因为个人能力弱，而是因为不会进行时间管理。

仔细分析那些职场成功人士，他们几乎都具有以下特质：认为自己的时间非常宝贵且效率特别高，清楚地知道自己要什么，做事的目标性很强。

以下是时间管理中的常见问题。

（一）工作缺乏计划

不少职场人士由于缺少工作计划，在工作中常常出现：（1）目标不明确；（2）没有进行工作归类的习惯；（3）没有轻重缓急；（4）没有合理分配时间。

（二）时间控制不够

很多人知道自己有很多事情要完成，但在实际生活中只执行了工作计划的一小部分。这是时间管理上最大的不良习惯——拖延。

小测试

下面是一个拖延商数测验。你可以试着了解一下自己的情况。

对以下每一个陈述，请据实选择最切合你的答案：

（1）为了避免对棘手的难题采取行动，我于是寻找理由和借口。

A 非常同意　　B 略表同意　　C 略表不同意　　D 极不同意

（2）为使困难的工作能被执行，对执行者施加压力是必要的。

A 非常同意　　B 略表同意　　C 略表不同意　　D 极不同意

（3）我经常采取折中办法以避免或延缓不愉快的事。

A 非常同意　　B 略表同意　　C 略表不同意　　D 极不同意

（4）我遭遇了太多足以妨碍完成重大任务的干扰与危机。

A 非常同意　　B 略表同意　　C 略表不同意　　D 极不同意

（5）当被迫从事一项不愉快的决策时，我避免直截了当的答复。

A 非常同意　　B 略表同意　　C 略表不同意　　D 极不同意

（6）我对重要的行动计划的追踪工作一般不予理会。

A 非常同意　　B 略表同意　　C 略表不同意　　D 极不同意

（7）我试图令他人为管理者执行不愉快的工作。

A 非常同意　　B 略表同意　　C 略表不同意　　D 极不同意

（8）我经常将重要工作安排在下午处理，或者带回家里，以便在夜晚或周末处理它。

A 非常同意　　B 略表同意　　C 略表不同意　　D 极不同意

（9）我在过分疲劳（或过分紧张，或过分泄气，或太受抑制）时，无法处理所面对的困难任务。

A 非常同意　　B 略表同意　　C 略表不同意　　D 极不同意

（10）在着手处理一件艰难的任务之前，我喜欢清除桌上的每一个物件。

A 非常同意　　B 略表同意　　C 略表不同意　　D 极不同意

【评分标准】

每一个“非常同意”评 4 分，“略表同意”评 3 分，“略表不同意”评 2 分，“极不同意”评 1 分。总分小于 20 分，表示你不是拖延者，你也许偶尔有拖延的习惯。总分在 21 至 30 分之间，表示你有拖延症，但不太严重。总分多于 30 分，表示你或许已患上严重的拖延症。

有不少人是习惯性拖延，对于自己不喜欢的工作或者有难度的任务，总是会想着“过会儿再完成吧”。坐下来看会儿视频、听会儿音乐，一不留神，时间到了，但是该完成的事情却一样没做。

（三）进取意识不强

我们经常说：“人最大的敌人就是自己。”有些人之所以能够让时间白白流逝而毫无悔痛之意，最根本的原因就是他个人缺乏进取意识，缺乏对工作和生活的责任感和认真态度。主要表现在以下几个方面：（1）个人的消极态度；（2）做事拖拉，找借口不干工作；（3）工作中闲聊。

如果你觉得时间可有可无，不愿面对工作中的具体事务，沉溺于“天上随时掉下大馅饼”的美梦，那就需要好好反省自己了，因为你随时会丧失宝贵的机会，随时可能被社会所淘汰！

不管以前我们做得怎样，要记住：世界上所有的成就都是“现在”所塑造的。因此，我们要记取“过去”，把握“现在”，放眼“未来”。有一句话与大家共享：

昨天是一张已被注销的支票，

明天是一张尚未到期的本票，

今天则是随时可运用的现金。请善用它！

二、认识时间管理

“时间管理”所探索的是如何减少时间浪费，以便有效地完成既定目标。由于时间所具备的四个独特性，所以时间管理的对象不是“时间”，它是指面对时间而进行的“对管理者的管理”。

（一）时间管理的特点

要想能够真正地了解时间并且管理“时间”，我们有必要对时间本质有深刻的认识。首先让我们先了解时间的四项独特性。

（1）供给毫无弹性：时间的供给量是固定不变的，在任何情况下不会增加，也不会减少，每天都是 24 小时，所以我们无法开源。

（2）无法蓄积：时间不像人力、财力、物力和技术那样被积蓄储藏。不论愿不愿意，我们都必须消费时间，所以我们无法节流。

（3）无法取代：任何一项活动都有赖于时间的堆砌，这就是说，时间是任何活动所不可缺少的基本资源。因此，时间是无法取代的。

（4）无法失而复得：时间无法像失物一样失而复得。它一旦丧失，则会永远丧失。花费了金钱，尚可赚回，但倘若挥霍了时间，任何人都无力挽回。

（二）时间管理的目标

时间管理概括起来就是八个字：“用好时间，创造价值。”“用好时间”是方法。因为时间是最宝贵的资源，我们一定要好好规划，做好计划和安排，减少时间的浪费。“创造价值”是目的。用好时间的目的是创造价值。时间如此宝贵，我们却没有创造出相应的价值，那就是在白白浪费时间。那如何才能用好时间创造价值呢？有两句话很重要。

第一句话叫“把时间留给最有价值的事”。我们要面对的事情很多，但真正有价值的事情很少。你需要把工作中所有的事情都做好吗？不是这样，你只需要做好那些最有价值的事。根据著名的“二八”法则，20% 的事情决定了 80% 的价值，因此我们真正要做好的，首先是那高价值的 20% 的事情。把时间留给最有价值的事，这是关键。

第二句话叫“高效完成最有价值的事”。找到最有价值的事情后，我们要去高效地完成这些事。高效完成的第一个关键点是“完成”。完成事情，就意味着要去达成目标。比如你要去完成一项任务，花费了很多时间，却没有达成既定的任务目标，那这样的结果就没有价值或价值很低。高效完成的第二个关键点是“高效”。完成事情，我们还要有效率。乌龟和兔子赛跑，兔子已经跑到了终点，乌龟还在慢慢晃悠，这样即使最后完成了也没有太多价值。

因此，要做好时间管理，我们需要关注三个核心点：

（1）价值：价值是根本。要把时间留给最有价值的事。

（2）效率：效率决定过程。实现高效率，过程才能顺畅。

（3）目标：目标决定结果。只有达成目标，才能实现价值。

补充阅读

常见的时间管理误区

1. 只要我努力工作了，就会有好的业绩。

2. 要处理好与同事之间的关系，尤其是他们找自己帮忙时，一定不能拒绝。

3. 要是工作完不成，我就加班加点干，老板看见肯定会夸我。

4. 我有非常详细周密的时间计划，按照计划我能很好地完成任务。

补充阅读

关于时间管理的谎言与真相

要建立时间管理的正确认知，就必须识别时间管理的相关谎言，并了解对应的真相。

谎言：没有时间管理，我也一直过得很好

真相：正确运用时间管理，工作和生活会更好

有很多人会说，我一直没有进行时间管理，但我也很开心，过得也很好呀！其实很多人经历过这个阶段，年轻的时候时间充足，仗着自己有点聪明和天赋，随意地挥霍时间，只去谋求开心和快乐，压根没想过什么时间管理。但是今天回过头一看，如果当时学会时间管理，将时间用在更多有价值的事情上，那现在的工作和生活会更上一层楼。正确运用时间管理，我们的工作和生活会更好。

谎言：缺少时间？多加加班就好了

真相：只增加工作时间，无法解决时间管理问题

没时间，怎么办？很简单，多加加班就好了。但实际上，加班只能解决短暂的时间不够用的问题，而无法从根本上解决时间问题。如果一个人总是需要加班，那只可能有两个原因：要么工作已经超负荷，要么就是时间管理有问题。而如果是后者，我们就要透过表面看本质，找到根本性的时间管理方法。

谎言：我有大把时间，用不着时间管理

真相：学会时间管理，才能用好时间

当我们有大把时间的时候，当然会很开心。但是，你有用这些时间去创造出更多的价值吗，不论是去赚钱、让自己有成长或是让生活更充实？与其浪费时间，不如多去做些有价值的事。

谎言：我太忙了，时间管理对我没用

真相：说自己太忙的人，更需要时间管理

很多人存在这个情况，从早忙到晚，事情太多了，做不完的活。于是他会有一个看法："你看我这么多事，总是要花大把时间的，时间管理有啥用呢？"仔细想一下，如果每天有这么多的事要处理，你是否应该重点完成其中最重要的事，而主动放弃不那么重要的一些事？你是否应该去重新分配时间，让自己的工作和生活更平衡？长期没有时间的人，一定是对时间做了不合理的分配，导致时间不够用。说自己太忙的

人，更需要时间管理。

谎言：时间管理就是规划时间做计划

真相：时间管理是用好时间、创造价值

时间管理就是规划时间做计划，这个话有一些道理，因为时间管理中的确包括这样一个部分。但是，时间管理绝对不仅仅是这样。完整的时间管理，是用好时间、创造价值。只有把时间留给有价值的事，并高效地完成这些事，时间管理才会真正有效。

三、时间管理的基本方法

（一）方法一：明确目标

在人生的旅途上，没有目标就好像走在黑漆漆的路上，不知往何处去。目标能够激励我们奋勇向上，但对许多人来说，拟定目标实在不是一件容易的事，原因是我们每天单忙工作就已透不过气，还哪来时间好好想想自己的将来。但这正是问题的症结，就是因为没有目标，每天才弄得没头没脑、蓬头垢面，这只是一个恶性循环罢了！

另外有些人没有目标，则是因为他们不敢接受改变，与其说安于现状，不如坦白一点，那便是没有勇气面对新环境可能带来的挫折与挑战，这些人最终只会是一事无成！有目标才有结果，目标能够激发我们的潜能。

（二）方法二：使目标有可达成性

很多人也会给自己的工作制定工作清单，但会发现清单上的内容经常是难以完成的。因而，要做好时间管理，学会有技巧性地设定目标是重要的一环。

1. 具体且可衡量

给自己制订学习计划时，不应该只是提示自己要去看书，而是应该用这样的方法：我今天去图书馆学英语，要做 1 份练习卷，完成 3 篇听力练习。这样具体的任务，可以给你更加明确的目标，有利于在你的大脑中建立起完成任务的思维导图。

2. 具有可实现性

俄国教育学家维果斯基指出教师在进行教学设计时应考虑到学生的可接受性，也就是说设置有一定的难度的任务，但学生们可以通过自己的努力完成，即“跳一跳能摘到桃子”。同样道理，在进行时间管理的进程中，我们为自己设定的目标也应该是个体在付出全身心的努力后，基本可以实现的。对于不同的个体而言，每个人可以接受的程度是不同的，给自己设定的目标的难度也因人而异，且需要个体多次摸索与实践。

3. 设定完成目标的时间

每项任务的完成应该有合理的时间限定，比如你说：“我一定要拿到律师证书。”

目标应该很明确了，只是不知是在一年内完成，还是十年后才完成？

（三）方法三：改变你的想法

研究者对时间行为学的研究发现了两种常见的对待时间的态度：“这件工作必须完成，它实在讨厌，所以我能拖便尽量拖”和“这不是件令人愉快的工作，但它必须完成，所以我得马上动手，好让自己能早些摆脱它”。哪一种想法更能帮助你？事实证明，当你有了动机，迅速迈出第一步是很重要的。不要想立刻推翻自己的整个习惯，只需强迫自己现在就去做你所拖延的某件事。然后，从明早开始，每天都从你的时间表中选出最不想做的事情先做。

（四）方法四：安排“不被干扰”时间

每天至少要有半小时到一小时的“不被干扰”时间。假如你一天能有一个小时完全不受任何人干扰，把自己关在自己的空间里面思考或者工作，这一个小时可以有助于你一天都保持高的工作效率。

（五）方法五：时间四象限原则——分清工作的轻重缓急

四象限法则是时间管理的非常重要的工具，就是根据事项的重要性和紧急性来划分各种事情。横轴代表紧急性，纵轴代表重要性，这样就分成了四个不同的象限，每个象限中放置不同的事情。

重要且紧急象限，是既重要又紧急的事情；

重要但不紧急象限，是重要的事情，但是没有那么紧急；

不重要也不紧急象限，是既不重要也不紧急的事情；

不重要但紧急象限，是不太重要的事情，但是比较紧急。

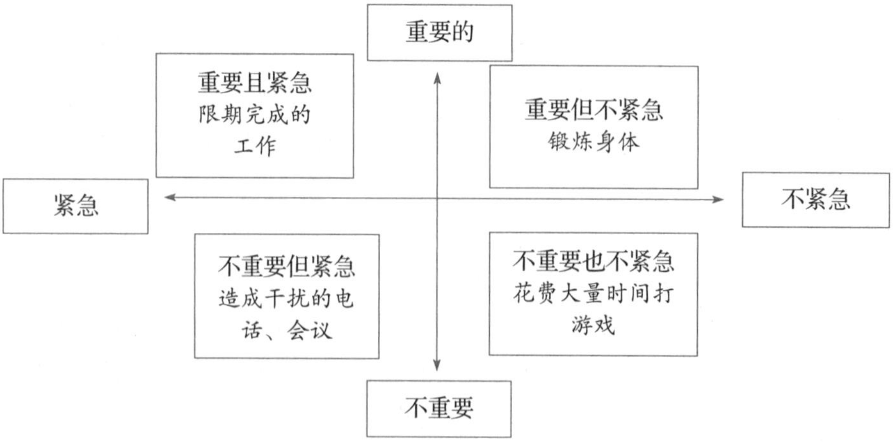

请看下面的做事顺序，看看你自己平时喜欢用哪种方式？

（1）先做喜欢做的事，然后再做不喜欢做的事。

（2）先做熟悉的事，然后再做不熟悉的事。

（3）先做容易的事，然后再做难的事。

（4）先做只需花费少量时间即可做好的事，然后再做需要花费大量时间才能做好的事。

（5）先处理资料齐全的事，然后再处理资料不全的事。

（6）先做已排定时间的事，然后再做未经排定时间的事。

（7）先做经过筹划的事，然后再做未经筹划的事。

（8）先做别人的事，然后再做自己的事。

（9）先做紧迫的事，然后再做不紧要的事。

（10）先做有趣的事，再做枯燥的事。

（11）先做易于完成的整件事或易于告一段落的事，然后再做难以完成的整件事或难以告一段落的事。

（12）先做自己所尊敬的人或与自己关系密切的利害关系的人所拜托的事，然后再其他人所拜托的事。

（13）先做已发生的事，后做未发生的事。

处理事情优先次序的判断依据是事情的“重要程度”。所谓“重要程度”，即指对实现目标的贡献大小。请注意：在考虑行事的先后顺序时，应先考虑事情的“轻重”，再考虑事情的“缓急”。不同象限事实的实例如表 1 所示，时间分配偏重不同象限的结果如表 2 所示。

表 1　不同象限事实的实例

	紧急	不紧急
重要	突发性的危机事件 有完成期限压力的任务 上级交办的临时任务	做规划，预防风险，超前有远见的行动 提升能力与学习，如考证 建立和维护人际关系 总结经验 保持身体健康
不重要	碍于情面接待不速之客的来访 处理烦琐、紧急而无价值的事情	无所事事，发呆，不会拒绝别人导致的漫长闲聊 漫无目的的上网，玩游戏、看电视等

表 2　时间分配偏重不同象限的结果

	紧急	不紧急
重要	压力大、焦虑 筋疲力尽 危机处理 忙于收拾残局	有远见 平衡 纪律性强 有自制力 少有危机
不重要	短视、急功近利 无目标与计划 被动，手忙脚乱 缺乏自制力，抱怨 人际关系浮泛	逃避，全无责任感，缺乏自制力 经常补考、留级，经常因各种原因被领导、老师约谈 依赖他人，自暴自弃 盲目

思考训练

训练一：请尝试帮助技术部小王把明日待办清单放入四个象限。

- 去公司处理文件；
- 上午10点和家人参加公益活动；
- 晚上与家人聚餐；
- 下午3点参加合作伙伴会议；
- 下午参加某行业聚会；
- 给家里买日用品；
- 参加应聘人员远程沟通会议。

训练二：请把你的思考与以下方案相对照，与小组同学讨论一下哪个方案会更好。

第一象限事宜（既重要又紧急）：

上午10点和家人参加公益活动：很重要。一早就要参加，很紧急。

下午3点参加合作伙伴会议：已经定好的事情，必须参加；需要提前做准备，所以有点紧急。

第二象限事宜（重要但不紧急）：

去公司处理文件、参加应聘人员远程沟通会议和晚上与家人聚餐，都很重要，但是时间上并不那么紧急。

第三象限事宜（不重要也不紧急）：

下午参加某行业聚会，内容一般般，可以考虑不参加。

第四象限事宜（不重要但紧急）：

给家里买日用品是老婆布置的任务，有点急，但不那么重要。

训练三：事项排序。

待办事项确定了，要进行“事项排序”，理清事情的执行顺序。

事项排序分为两步：分类和排序。

第一步：分类，用ABC分类法进行分类

我们把事情简单分为ABC三类：

A类是最重要的事情。这些事情原则上必须完成。

B类是比较重要的事情。这些事情应该尽量去完成，但如果因为时间不足，最后没有完成也可以接受。

C类是不太重要的事情。只有当A类和B类事情做完了还有时间时，才考虑去做C类的事情。

大家也许有疑惑了，ABC分类法和四象限法则都是事项的分类方法，应该用哪种方法呢？

其实，两者用途不同。ABC分类法适合于时间很短（最常见是1天）的情况，用起来很直观和容易理解；四象限法则适合于时间较长（比如1周）的情况，时间越长使用效果越好。

第二步：排序

分好类后，我们对每类事项进行排序就好了。在每一个分类中，排序的规则都是：先紧急、后重要。排序之后，我们就获得了最终的待办事项列表。

让我们再次回到案例：明日待办事项。在第二个步骤后，我们有5件事，先按第一象限（标注为①）和第二象限（标注为②）进行标注。

（1）去公司处理文件　②

（2）下午3点参加合作伙伴合议　①

（3）晚上与家人聚餐　②

（4）参加应聘人员远程沟通会议　②

（5）上午10点和家人参加公益活动　①

首先，我们开始进行ABC分类：第一象限的事情肯定是A类事情，不用想；第二象限要具体分析，必须搞定的列入A类，其他的列入B类或C类。

具体分析一下第二象限的事项：

晚上与家人聚餐：已经明确参加，不能“放鸽子”，放入A类；参加应聘人员远程沟通会议：实在不行缓一缓，放入B类；去公司处理文件：不那么重要可以后推，放入C类。

分完ABC三类以后，明天的待办事项就变成这样了：

（1）去公司处理文件（C）

（2）下午3点参加合作伙伴会议（A）

（3）晚上与家人聚餐（A）

（4）参加应聘人员远程沟通会议（B）

（5）上午10点和家人参加公益活动（A）

然后，我们按照先紧急、后重要进行分类排序，再汇总。

A类事项的顺序：上午10点和家人参加公益活动、下午3点参加合作伙伴会议、晚上与家人聚餐。

B类事项的顺序：参加应聘人员远程沟通会议。

C类事项：去公司处理文件。

因此，我们最后得到的待办事项列表就是这样：

（1）上午10点和家人参加公益活动

（2）下午3点合作伙伴会议

（3）晚上与家人聚餐

（4）参加应聘人员远程沟通会议

（5）去公司处理文件

课堂互动

如何让陈述目标更具体，行动更明确？

【内容】设定和描述目标、行动时一般应包括以下内容：

1. 行为主体（当然是自己）。

2. 行为动词。描述的是可操作的行为。

3. 行为结果。要求得到什么样的结果、做到什么程度必须明确、可以测量和评价，最好能够做到数量化。如把行动表述为要求自己“去做两套英语四级考试模拟题”就比单纯说“学英语”更有操作性。

4. 完成任务估计所需要的时间，完成任务的最后期限，在什么地点、场合或条件下来做这件事。如“今天下午 3 点开始在图书馆用两个半小时做完一套英语四级考试模拟题并核对答案”。

【要求】请按照你在前面提出的目标或任务，规划明天的行动或者下一周的行动（周计划要求依据不同角色设立目标，再把目标转化为行动），列入行事历或待办事项。第二天或一周后，检视自己是否成功地把人生目标和价值观融入日常生活。

学习借鉴 | 利用有限时间实现无限可能

实习周记：实习已经两个月了，用一个词来总结一下这两个月的实习生活——更新。用更新这个词来形容这两个月的我最贴切了，每个月每个周都在不断地更新着知识库、脑容量。这期间兴奋过、质疑过、彷徨过，但不曾灰心过。一直在努力做好自己，朝着目标一步一步迈进。

经历很美好，时间很强大。可能不止我一个人有这样的想法——羡慕别人的生活，但是仔细想想，别人也可能在羡慕着你的生活，每个人都有自己的生活、工作，都有自己的人生观、价值观，慢慢地我开始反思自己的一点一滴，回忆发生的每一件事情，其实我们经历的事情都是美好的，因为它可能教会你成长，让你改变。时间是个强大的东西，它可以改变非常非常多的事情，时间证明我是可以通过学习不断更新自己达到自己的目标的。仅两个月的时间，我开启柜员生涯并获得成长，难道这不够强大吗？请继续更新，使自己强大起来吧。

教师点评：时间是公平的，对每个人来说，每天的时间都是 24 小时，但收获多少因人而异。老师希望你在实习期间以及今后的工作中，不断学习、分析、钻研，更新、充实你的知识库，复杂的事情规范做，简单的事情重复做，重复的事情用心做，养成良好的工作习惯，你将一生受益！

微课：时间管理

微课：张弛有度的“番茄工作法”

方法单元2 团队协作

学习目标

理解团队的含义，了解高效团队的基本特征，了解高效团队成员在团队中应有的职业化态度与表现。

情境导入

英国科学家做过一个有趣的实验，他们把一盘点燃的蚊香放进一个蚁巢里。蚊香的火光与烟雾使惊恐的蚂蚁乱作一团，但片刻之后，蚁群便开始变得镇静起来了，开始有蚂蚁向火光冲去，并向燃烧的蚊香喷出蚁酸。随即，越来越多的蚂蚁冲向火光，喷出蚁酸。一只小小的蚂蚁喷出的蚁酸是有限的，因此，许多冲锋的"勇士"葬身在火光中，但更多的蚂蚁踏着死去蚂蚁的尸身冲向了火光。过了不到一分钟的时间，蚊香的火被扑灭了。

在英国科学家的实验当中，蚂蚁的故事告诉我们一个优秀的团队是所向无敌的。

生存于社会中的人假如想获得成功，也必须将自己置身于一个或多个优秀的团队当中。

自我测试

团队合作精神测试

1. 当班级来了一个新同学，你会怎么做：

A. 这跟我没有太大关系；

B. 主动和他打招呼，帮助他尽快适应学校；

C. 他跟我主动打招呼后再去帮助他。

2. 当班级组织体育活动时，你会：

A. 积极参与，即使自己体育不太好也会在旁边加油；

B. 不是强迫参加就不参加，忙自己的事情更重要；

C. 自己喜欢的项目就参加，不喜欢的就不参加。

3. 当你和朋友一起聚餐点菜的时候，你会怎么做：

A. 点自己最喜欢吃的菜；
B. 点大多数朋友都比较喜欢吃的菜；
C. 点自己喜欢大家也还能吃的菜。
4. 和几个朋友一起约定去景点玩的时候，你：
A. 总是比约定时间早到几分钟；
B. 一般是最晚到，让别人等你；
C. 有时候早到，有时候晚到。
5. 你所参加的球队打比赛失败了，你会：
A. 抱怨那些没打好的人；
B. 鼓励大家不要气馁；
C. 让大家一起找出原因。
6. 同学遇到不会做的题，而你正好会做，你会：
A. 如果是自己的竞争对手就不告诉他；
B. 给他讲一遍，如果还是不懂的话就让他去问别人；
C. 耐心地给他解答，直到他听懂为止。
7. 宿舍同学生病的时候，你会：
A. 跟自己关系好就照顾照顾，不好就算了；
B. 人人都应该学会照顾自己，不能指望别人；
C. 仔细照顾他，为他做一些力所能及的事情。
8. 宿舍熄灯后，你一般：
A. 已经做完事情躺在床上了；
B. 忙一些事，不时发出声响；
C. 忙一些事，但尽量轻手轻脚。
9. 你的好朋友这次考试比你成绩好，你会：
A. 衷心地向他表示祝贺，并向他请教；
B. 表面表示祝贺，心里不太舒服；
C. 心里很不舒服，暂时先不理他。
10. 对于那些学习成绩很差的人，一般情况下你会怎样看待他们：
A. 他们天生就比较笨，不想和他们打交道；
B. 他们可能是不够勤奋，再努力点就好了；
C. 他们在某些方面有我所不具有的优点。
11. 当你和能力不如你的小组成员一起完成一项活动时，你会：
A. 自己一个人干算了，免得他们做不好我还得重做；
B. 自己干最重要的部分，其他的分给他们做；
C. 按照每个人的情况，合理分工，共同完成任务。
12. 班级大扫除时，某个同学临时有事不能完成他的任务，你会：

A. 主动去分担他的工作；

B. 不是分内的事情自己才不理会；

C. 这次替他干，下次值日让他帮自己干。

答案：

	1	2	3	4	5	6	7	8	9	10	11	12
A	0	2	0	2	0	0	1	2	2	0	0	2
B	2	0	2	0	2	1	0	0	1	1	1	0
C	1	1	1	1	1	2	2	1	0	2	2	1

测试分析：

17～24分：你是一个很有合作精神的人。遇到事情你能够考虑到其他人，因此大家都愿意和你共事，你会有很不错的发展。

10～16分：你的团队合作精神中等。一般情况下你能够注意别人的感受，但是需要加强对合作重要性的认识，这样你会更受欢迎。

10分以下：你的团队合作精神很差，需要有意识去培养。在当今社会，学会和别人合作，能让你取得更大的成就。

知识解读

从文字结构来看，“团队”是由一群有“口”“才”的人和用“耳”倾听的“人”组成的组织。团队（Team）是由员工和管理层组成的一个共同体，它合理利用每一个成员的知识和技能协同工作，解决问题，达到共同的目标。团队的构成要素可总结为5P，分别为目标（Purpose）、人（People）、定位（Place）、权限（Power）、计划（Plan）。团队和群体有着根本性的一些区别，群体可以向团队过渡。一般根据团队存在的目的和拥有自主权的大小将团队分为三种类型：问题解决型团队、自我管理型团队、多功能型团队。

一、团队的含义

团队是由员工和管理层组成的一个共同体，该共同体合理利用每一个成员的知识和技能协同工作，解决问题，达到共同的目标。管理学家罗宾斯认为：团队就是由两个或者两个以上的相互作用、相互依赖的个体，为了特定目标而按照一定规则结合在一起的组织。

【小贴士】 团队精神

团队的成功是个人成功的前提，那么你是否有团队精神，你的团队精神程度又如何呢？根据个体在团队精神方面的表现，我们将它分成了极好、好、中、差四个等级。

极好：

1. 不会隐藏和回避团队中的冲突，能积极寻求解决冲突的方案。

2. 无论个人的喜好如何，均能采取行动促进团队内良好的关系。

3. 积极主动地培养与其他成员之间的合作精神，营造健康的合作氛围。

好：

1. 尊重他人的意见和专业精神，愿意向他人学习。

2. 做出决策时，诚恳地征求团队成员的意见。

3. 赞扬和鼓励其他团队成员作出新贡献。

4. 在危急时刻，愿意站出来帮助其他团队成员解决问题。

中：

1. 愿意和他人合作开展工作，自愿参与和支持团队的决定。

2. 能和团队的成员交流，共享信息。

3. 用正面的心态看待和评论团队的成员。

差：

1. 做与团队决策无关的事情。

2. 牺牲团队其他人的利益来谋求自己的利益。

3. 不接受他人的观点。

4. 不愿与团队的成员合作，甚至是制造矛盾。

5. 独立工作，很少和他人交换信息。

二、团队合作的重要性

团队合作才能一荣俱荣。请大家阅读一个案例。

【阅读案例】 老鼠偷油

有三只老鼠同去偷油喝。油缸很深，单独都够不到油，于是它们就想了个办法，一只老鼠咬着另一只老鼠的尾巴，首尾相接吊到缸底去喝油。三只老鼠事先商议好，轮流吊去下面喝油。可具体实行时呢，老鼠们心里各有算计。

先下去的老鼠心想："这么多油，大家轮流喝多不过瘾！干脆我跳下去喝个痛快。"

中间的老鼠想："油看上去可不多了，万一被前面的老鼠都喝光了，那我怎么办？我看还是把它放下去，自己跳下去好好喝一顿。"

最上面的老鼠也在暗自打着算盘："油这么少，等它们两个喝好就不够我喝了。再说万一它们俩喝完就撇开我呢？倒不如趁现在放下它们，自己也跳到缸底饱喝一顿。"

于是，中间的老鼠丢下前面的老鼠，最上面的老鼠也狠心地放开中间老鼠的尾巴，都跳到缸里去了。结果三只老鼠都被困死在油缸里。

团队合作里，没有合作精神是不会取得成功的。有些人只从自己的角度出发，不考虑团队的得失，这其实是一种短视的行为，团队失败会祸连己身，团队成功则会被摒弃在团队之外。

因此，职场新人要谨记团队的成功才是个人的成功，不能因个人私利而置他人和团队的利益于不顾。个人的力量总归是有限的，应该融入集体当中去，为共同的目标努力，因为团队的成功也是你的成功。

三、团队的构成要素

（一）目标（Purpose）

团队应该有一个既定的目标，为团队成员导航，令其知道前进的方向，否则，团队就没有存在的价值。

团队的目标必须跟组织的目标一致，此外还可以把大目标分成小目标并将其具体分到各个团队成员身上，大家合力实现这个共同的目标。同时，目标还应该有效地向大众传播，让团队内外的成员都知道这些目标，有时甚至可以把目标贴在团队成员的办公桌上、会议室里，以此激励所有的成员为这个目标去工作。

（二）人（People）

人是构成团队最核心的力量，两个（包含两个）以上的人就可以构成团队。目标是通过人员具体实现的，所以人员的选择是团队非常重要的一项工作。在一个团队中可能需要有人出主意，有人订计划，有人实施，有人协调不同的人一起工作，还有人监督团队工作的进展，评价团队最终的贡献。不同的人通过分工来共同完成团队的目标，在人员选择方面要考虑人员的能力如何、技能是否互补、人员的经验如何。

（三）定位（Place）

团队的定位包含两层意思：

（1）团队的定位：团队在企业中处于什么位置？由谁选择和决定团队的成员？团队最终应对谁负责？团队采取什么方式激励下属？

（2）个体的定位：作为成员在团队中扮演什么角色？是订计划还是具体实施或评估？

（四）权限（Power）

团队当中领导人的权力大小跟团队的发展阶段相关。一般来说，团队越成熟领导者所拥有的权力应越小，在团队发展的初级阶段领导权则相对比较集中。

（五）计划（Plan）

计划有两个层面的含义：

（1）目标的实现，需要一系列具体的行动方案，可以把计划理解成目标的具体工作的程序。

（2）提前按计划进行可以保证团队的进度。只有在计划的指引下团队才会一步一步地贴近目标，从而最终实现目标。

四、团队合作的方法

（一）建立团队共同的、切实可行的愿景

一支优秀的团队，必定拥有一个合理的目标，这个目标可以使团队迸发出巨大的力量。但是，仅仅有了目标还不够，团队目标能否有效达成，还取决于团队是否有科学的目标。

【阅读案例】 团队的目标

某企业在对员工进行培训时，组织过这么一项活动，就是让30名员工参与户外徒步行走，将这30人分成三组，由培训师分别带队。其具体内容如下。

（1）不告诉第一组人去哪儿，也不告诉他们目的地有多远，只让他们跟着培训师走。

（2）告诉第二组人去哪儿，要走多远。

（3）既告诉第三组人去哪儿和有多远，又在沿途每隔一公里的地方设置一个标志性的路牌，将整段路程划分为几个阶段性的目标，直至达到终点。

在行走过程中管理者发现，队伍刚走了三公里左右，第一组的员工就开始抱怨且情绪低落；再走一段路程，第二组的员工情绪比活动开始时明显降低，当走完路程的三分之二时，已兴致全无，只是在无精打采地缓慢前进；而第三组的员工，因每走一段路，便知晓完成目标的情况，一路上，大家情绪较高。最后，第三组领先其他两组到达目的地，第二组次之，第一组最后到达。第一组完全没有目标，他们很快便因为行动过程中没有方向而毫无精神；第二组虽然有了目标，但在行动中缺乏达成目标应有的成就感，最后他们也失去了斗志；第三组不但拥有目标，而且在实现目标的过程中清楚地知道目标的完成情况，在此过程中他们不断地受到激励，享受到了目标达成给他们带来的快乐，最终他们情绪高涨地到达了目的地。

对比这三个小组我们可以清楚地发现，高效率的团队必须有一个明确的目标，在实现目标的过程中还要进行团队目标管理，这就要求管理者不断提高自身的目标制定能力。

1. 目标制定原则

制定团队目标时应遵循以下三项原则。

（1）团队目标与组织目标相一致原则。团队目标必须服从和服务于组织目标，实现团队目标就是为了实现组织总体目标。

（2）SMART 原则。具体包括以下五个方面的内容：

1）S（specific），指团队目标要明确、具体。

2）M（measurable），指团队目标要可度量。

3）A（attainable），指团队目标在付出努力的情况下要能够实现。

4）R（realistic），指团队目标应该是实实在在的，可以证明和观察到的，并非假设的。

5）T（time-bound），指团队目标必须规定实现的期限。

（3）灵活性原则。团队目标要具有一定的可调性。对于实施过程中可能发生的环境及条件等变化，以及来自其他方面的随机性干扰，目标本身要具有一定的适应能力。不仅目标要具有可调性，而且主要目标值和应对措施要留有余地，需要准备多种实施方案，以便当环境发生变化时，既有适应变化的预备方案，又有临时应急的有效措施。

2. 目标制定步骤

管理者在制定团队目标时，应注意掌握以下六个步骤：

（1）了解团队成员的看法；

（2）收集相关资料；

（3）确定团队目标；

（4）量化团队目标；

（5）优化资源配置；

（6）制定时间进度。

（二）认清自己的角色

在团队中，每个人都要认清自己并找准自己的位置，对自己进行准确定位。在从事某项工作前，应该清楚自己能干什么，适合干什么，如何做才有利于达成团队的总体目标。

【阅读案例】 公鸡、小狗和驴的故事

从前，有个人买回了一只公鸡、一只小狗和一头驴。

公鸡被养在窝内，每天早晨按时打鸣，叫醒主人。正因为公鸡的尽职尽责，总是按时完成工作，主人从未起晚过。驴子被关在圈里，虽然不愁温饱，但每天都要到磨坊里拉磨，到树林里去拉木材，工作挺繁重。那只小狗只会讨主人的欢心。每当主人回来时，它总是飞快地迎上去，又是摇尾巴又是亲热地叫唤，主人也总是高兴地抚摸它，有时小狗还伸出舌头舔舔主人的脸。

驴子看到这一切，心中很是不快，心想自己和公鸡每天起早贪黑地埋头苦干，自己干的活最多还经常挨打，小狗什么都不干还挺美，看来得想办法与主人联络联络感情。于是，驴子找公鸡商量与主人联络感情的大计。

公鸡一听，就劝驴子道："主人之所以养活我们，是因为我们肩负着不同的职责，我负责按时打鸣，你负责拉磨、拉木材以维持主人的日常生活需要，而那只小狗负责帮主人看护这个家，逗主人开心。所以，你不要异想天开，还是干好自己的活吧！"

但是，驴子并没有听从公鸡的劝告。有一天，当主人回家时，它挣脱了绳子，大叫着迎了上去，把蹄子搭在主人的肩上，伸出舌头就舔。主人又惊又怒，使劲把它推

开，狠狠地用鞭子抽打它，并给它套上新的绳子，又把它关进了圈里。

驴子缺乏对自己的清醒认识，不知道自己在这个家中的位置与作用，最终事与愿违，受到了主人的惩罚。

在团队中，同样存在着“驴子现象”。团队成员要对自己进行合理定位，清楚自己在团队中应扮演怎样的角色。

一个优秀的团队中，成员可以通过优势互补进行密切的协作。以下是常见的成员角色特征：

1. 实干者典型特征

（1）能将计划变成实际的行动。

（2）比较保守、务实可靠，积极实践，有组织能力。

（3）工作勤奋，具有很强的自我约束力。

（4）安于现状，不主动寻求改变。

（5）缺乏灵活性，不做或不愿尝试没有把握的事。

2. 协调者典型特征

（1）能充分利用团队资源来实现团队目标。

（2）熟悉团队成员的长处和弱点，让其他成员感觉可以信赖。

（3）遇事沉着冷静，愿意听取团队其他成员的意见和建议。

（4）以公正的立场和客观的角度看待事情及问题。

（5）注重内外部的人际关系，但往往容易忽略组织目标。

3. 推进者典型特征

（1）充满活力，精力充沛，思维敏捷，能够举一反三。

（2）能引导团队成员采取正确的工作方式，使大家注意团队的目标和首要任务。

（3）勇于挑战，能扛压力，遇到障碍时能绕道而行。

（4）对自己的现状永不满足，并敢于向低效率发出挑战。

（5）遇到事情表现冲动，容易产生急躁情绪，在团队中往往好激起争端。

4. 创新者典型特征

（1）才华横溢，具有丰富而渊博的知识。

（2）个性十足，思想深刻，喜欢标新立异。

（3）思维活跃，有自己独到的见解，总是能找出解决问题的突破性办法。

（4）特别关注重大的问题，往往不注重细节、不拘小节。

（5）具有超出常人的想象力和创造力，但与一般人相处得不好。

5. 信息者典型特征

（1）善于对团队外部的变化和信息进行调查研究并及时汇报。

（2）喜爱交际，具有较强的沟通能力。

（3）求知欲很强，对新生事物比其他人更加敏感。

（4）外向开朗，善于沟通，但经常只有三分种的热情。

（5）说话往往直言不讳，不讲究艺术，喜欢直来直去。

6. 监督者典型特征

（1）头脑清醒，具有极强的分辨力，处理问题比较理智。

（2）稳重，注重公平，对人对事都抱着实事求是的态度。

（3）善于观察团队成员的行为和活动，找到问题。

（4）善于评价各种想法和建议，保证团队做出合理的决策。

（5）缺乏激励他人的能力。

7. 凝聚者典型特征

（1）处事温和，擅长交际，能与人保持和善友好的关系。

（2）对周围的环境和人群具有极强的适应能力。

（3）能弥补团队成员的某些不足，促进成员之间的交流，培养团队的意识。

（4）善解人意，能够与其说知心话，有凝聚力。

（5）喜欢按照别人的建议办事，危急关头易犹豫不决、不能当机立断。

8. 完善者典型特征

（1）做事勤奋努力、很有秩序，总是持之以恒，不会半途而废。

（2）对工作认真，一丝不苟，是典型的理想主义者，追求尽善尽美。

（3）处理问题时过于注重细节。

（4）为人处世都很认真，但不够洒脱，没有风度。

（5）有时爱斤斤计较，容易让自己陷入鸡毛蒜皮的小事当中。

【阅读案例】 王珐宴会论同僚

在一次宴会上，唐太宗对王珐说："你善于鉴别人才，尤其善于评论。你不妨从房玄龄等人开始，一一做些评论，点评一下他们的优缺点，同时和他们互相比较一下你在哪些方面比他们优秀。"王珐回答说："孜孜不倦地办公，一心为国操劳，凡所知道的事都尽心尽力地去做，在这方面我比不上房玄龄；常常留心于皇上，敢于直言建议，这方面我比不上魏徵；文武全才，既可以在外带兵打仗做将军，又可以在朝担任宰相，在这方面我比不上李靖；向皇上报告国家公务，详细明了，宣布皇上的命令或者转达下属官员的汇报，能做到公平公正，在这方面我不如温彦博；处理繁重的事务或解决难题，办事井井有条，在这方面我也比不上戴胄；至于批评贪官污吏，表扬清正廉署，疾恶如仇，好善喜乐，这方面比起其他几位能人来说，我倒有一己之长。"唐太宗非常赞同他的话，大臣们也认为王珐完全道出了他们的心声，都说这些评论很恰当。

任何团队成员都不可能承担团队中的全部角色，也不可能做到十全十美，但是团队可以通过不同角色的组合达到完美。

（三）提升团队执行力

有了任务和目标之后，团队成员所面临的问题就是如何执行了。那么，怎样才称得上是高效率的执行呢？

1. 影响团队执行能力的 11 个问题

（1）团队目标不明确及思路不确定，导致团队成员思想不统一。

（2）管理者没有常抓不懈，在执行过程中常犯虎头蛇尾的错误。

（3）管理者朝令夕改，出台的管理制度不严谨。

（4）管理制度本身不合理，缺少针对性与可行性。

（5）团队成员的目标和想法不尽相同，导致团队执行能力大大下降。

（6.）缺少明确的分工，责任不明晰。

（7）执行的过程过于烦琐，囿于条款，不知变通。

（8）缺少良好的方法，不会把工作进行分解与汇总。

（9）缺少科学的监督考核机制，没人监督，也没有良好的监督方法。

（10）只有形式上的培训，不能很好地改造人的思想与心态。

（11）团队缺少灵魂人物，缺少成员认同的团队（企业）文化，导致团队没有形成凝聚力。

2. 提高团队执行能力的科学程序

建立并落实科学的执行程序是提升团队执行能力的有力保障，具体内容如下：

（1）明确执行程序——执行要求。

（2）制定清晰的目标——可度量、可考核、可检查。

（3）确定任务进度表——要有明确的起讫时间。

（4）排列工作优先顺序——体现工作的轻重缓急。

（5）下达工作指令——指令要简单明确、不得有偏差。

（6）要求下属做出承诺——检查执行条件明确的承诺。

（7）跟踪执行过程——不断关注、跟进、紧盯执行过程。

（8）建立反馈机制——对重要的环节或脱钩要追究原因。

执行力测试

执行力对于每一名员工来说，都是必不可少的能力。如果执行力很差，就不可能有高的工作效率和好的工作业绩。下面将测试一下你的执行力状况，共18题，请在5分钟内完成，只需回答“是”或“否”即可。

1. 今天天气似乎要变坏，但出门带雨具又麻烦，你能很轻松地做出决定吗？（　　）

2. 做一项重要工作之前，你会为自己制订工作计划吗？（　　）

3. 你是否充分信任自己的合作者呢？（　　）

4. 对自己许下的诺言，你能否一贯遵守？（　　）

5. 你能在工作岗位上轻而易举地适应与过去的工作习惯迥然不同的新规定、新方法吗？（　　）

6. 你能直接地说出自己拒绝某事的真实动机，而不虚构一些理由来掩饰吗？（　　）

7. 辛苦工作之时，你是否会对自己计分评估？（　　）

8. 你认为自己勤奋吗？（　　）

9. 为了公司整体的利益，你甘于得罪他人吗？（　　）

10. 做一项重要工作之前，你是否尽可能多地获取建议呢？（　　）

11. 你是否善于倾听？（　　）

12. 如果你了解到在某件事上领导与你的观点截然相反，你还能直抒己见吗？（　　）

13. 进入一个新的部门后，你能很快适应这一新的集体吗？（　　）

14. 领导要你星期五下班后提交一方案，到了规定时间，你发现自己的方案有不完善的地方，而且周末领导外出度假，你认为要等到下星期一再上交吗？（　　）

15. 你善于为自己寻找合适的借口，来掩饰工作中的小错误吗？（　　）

16. 对于一项执行困难的工作，你是否能全力以赴地执行使命呢？（　　）

17. 对于工作中不明白的地方，你会向领导提出疑问吗？（　　）

18. 你有能够顺利完成工作的自信吗？（　　）

评分标准：

每题回答"是"得 1 分，第 14 题、第 15 题回答"是"扣 2 分。

结果分析：

10 分以下：你做事往往拖拖拉拉，诸如一件工作，如果有谁替你去做，你简直对他感激不尽，你使人觉得难以信赖，与你共事会很疲惫。也许对你来说，不做事才最逍遥，但在你拒绝做事或不负责任的时候，你也失去了一次成功的机会。

11 ～ 16 分：你的执行力一般。工作中，你效率不高，但你也不会拖公司的后腿。也许你正为自己有游刃职场的能力而沾沾自喜，这就是你最大的缺点，千万别以为"混同于世"就会一帆风顺，要想有良好的工作业绩、获得升迁的机会，你就要发挥自己的一切能力，埋头苦干。

17 ～ 18 分：你的执行力较好。你有较开阔的眼界与合理的知识结构，再加上你的果断与敬业，可以肯定的是，你是上司、同事们信赖的对象。如果辅以正确的执行方法，你肯定会有高的工作效率，能够取得较好的工作业绩。

（四）具备团队协作的方法

在知识日新月异的今天，一个人通常只能在某一个方面比较擅长。世界是一个大系统，现实中许多问题具有极强的综合性，光靠一个人的智慧和力量是无法解决的。团队通过内部成员的密切配合和相互协助，可以产生远大于个人力量之和的群体力量，形成 1+1>2 的效果。

【阅读案例】　　　　　　比赛要有团队协作

F1，又称"一级方程式赛车世界锦标赛"，是方程式赛事中的顶级赛事，但大家一般不清楚，要在这个比赛中获胜，团队协作至关重要。

团队协作最关键的就是中途进站加油换胎（Pit Stop）时的效率。在Pit Stop浪费一秒钟，就可能对比赛的胜负有关键的影响。停站时的失误不但会耽误时间，也可能会引起火灾。比赛时工作人员熟练的动作都来自平时的练习，车队通常会利用星期四下午和星期天早上来练习Pit Stop。Pit Stop是危险的工作，所以每一位工作人员都必须穿防火服，并且要戴安全帽来降低风险。这些工作人员在车队中都还有另外的正职，如技师、卡车司机、备用品管理员等，而加油换胎只是他们工作的一小部分。

赛车每一次停站，都需要22位工作人员的参与。从其中12位换胎技师的分工便可看出其协作的精密程度。

共有12位技师负责换胎（每一轮三位，一位负责拿气动扳手拆、锁螺丝，一位负责拆旧轮胎，一位负责装上新轮胎）。

一位安全员。

一位负责操作前千斤顶。

一位负责操作后千斤顶。

一位负责在赛车前鼻翼受损必须更换时操作特别千斤顶。

一位负责检查引擎气门的气动回复装置所需的高力瓶，必要时必须补充高压空气。

一位负责持加油枪，这通常由车队中最强壮的技师担任。

一位协助扶着油管。

一位负责加油机。

一位负责持灭火器待命。

一位被称为“棒棒糖先生”，负责持写有“Brakes”（刹车）和“Gear”（人挡）的指示板，当牌子举起，即表示赛车可以离开维修区了。他也是这22人中唯一配备了用来与车手通话的无线电话的人。

最后还有一位负责擦试车手安全帽。

随着任务复杂程度的提高，对团队协作水平的要求也在提高。一个团队只有不断提高自己的协作水平，才能够接受更加重要而复杂的任务。

团结协作是优秀团队的制胜法宝。只有团结协作，团队才能不断取得成功，不断攀登新的高峰。

【小贴士】 团队中的个人原则

1. 改变自己，影响他人；
2. 关心他人，胜过自己；
3. 团队利益，高于其他；
4. 宽以待人，严于律己；
5. 推崇忠诚，成为品德；
6. 沟通咨询，成为习惯；
7. 负面影响，决不传递；
8. 换位思考，善于倾听；

9. 赞美激励，不断造梦；

10. 尊重他人，群策群力。

课堂互动

游戏名称：小组合作建高塔

人数：30 人

时间：25 分钟

用具：尽量多的纸杯、报纸、透明胶带、吸管、橡皮筋和 12 把手工剪刀

场地：室内

游戏步骤：

1. 把参加培训的学员分成 6 个小组，每组 5 人。

2. 向每个小组发放材料，要求每组在 15 分钟之内用这些材料建一座塔。

3. 这座塔的塔高至少 50 厘米，要求外型美观、结构合理、创意统一。

4. 做完之后，每个小组都把建好的塔摆在大家面前，由其他小组成员及老师进行评比。

5. 每个小组所建的塔都要接受其他组选出的检验员的检验，以吹不倒而且最高为胜利。

6. 请各组人员发表建塔的感想。

问题讨论：

1. 你的小组是如何工作的？

2. 对比自己的塔和其他的塔，进行客观评价。

3. 从高塔本身而言，我们获得了团队合作的哪些启示？

学习借鉴 | 团队精神不可少

实习周记：在泰隆学院的每一天都是忙碌而充实的，略苦又幸福。在这里我们学习的不仅是业务知识，还有个人习惯的养成、团队意识以及个人责任感的提高。在泰隆学院我们组成了一个新的集体，所有人都有着一个共同的目标——为班级荣誉而奋斗。无论是军训中的训练，队旗、队名的设计，还是文化夜的活动，几乎所有的项目每个成员都在积极地出谋划策，在这个过程中我们也加深了了解，增进了友谊。后来我们又分了小组，小组之间互相竞争，小组成员互相帮助，形成了浓厚的学习氛围。我们每一个人都非常努力，都互相求教，每天晚自习结束后大家都还自觉地留下来练技能和学业务知识。在这里的每一天虽然很累，但是又很温馨。每天拖着疲惫的身体回到寝室，和室友聊聊天，讲讲笑话，睡一觉，明天又是美好的一天。

教师点评：实习中的团队合作训练非常重要，在同他人的合作培训中，可以看到自己的不足，学习他人的长处，及时做到查漏补缺。实习过程中除了学习业务能力外，更重要的是学习如何与他人相处，这对当代大学生来说是必备的职业技能。在银

行等金融企业的工作过程中，很多业务是一个人无法完成的，必须团队合作，这就要求我们同学掌握与同事、上司相处的技巧和方法，总结说来应做到相互信任，相互包容，相互补台，相互谦让。团队是一种精神，是一种力量，是现代社会中不可缺少的！

微课：团队合作　　案例：团队合作　　案例：执行力

方法单元 3 汇报工作

学习目标

了解汇报工作的重要性，掌握汇报工作的时机，知晓汇报工作时应有的态度，掌握汇报工作的具体方法。

情境导入

王迪晨今年刚大学毕业。在他去单位报到前，他的父亲叮嘱他：好好干，踏实干，你做了多少、有多少成绩，领导一眼就能看得到。王迪晨在单位工作时，兢兢业业，就像老黄牛一样辛苦付出，从来也不主动去领导办公室汇报工作。眼见大半年过去了，因为他的过于“低调”，部门领导见到王迪晨时竟然还叫不出他的名字，这令王迪晨感到有些难过。

问题思考与讨论：汇报工作，既是对员工顺利完成任务、达成目标的基本工作要求，也是领导考察员工能力水平的重要途径。职场新人，究竟该用什么样的态度、什么方法来做好“汇报工作”这个事儿呢？

自我测试

你会说服你的上级吗?

回答下面的问题，测一测你与上级沟通的能力。每题有三个选项：一贯如此、经常如此、很少如此。

1. 能够自始至终保持自信的笑容，并且音量适中。
2. 善于选择上级心情愉悦、精力充沛时的谈话时机。
3. 已经准备好了详细的资料和数据以佐证你的方案。
4. 对上级将会提出的问题胸有成竹。
5. 语言简明扼要，重点突出。
6. 和上级交谈时亲切友善，能充分尊重上级的权威。

计分方法：每题选择“一贯如此”计 3 分，选择“经常如此”计 2 分，选择“很少如此”计 1 分。

解析：

1. 总分为 14 ～ 18 分：你能在工作中自觉地运用沟通技巧，是一个非常受欢迎的人，你的上级很赏识你。

2. 总分为 7 ～ 13 分：你已经掌握了一定的沟通技巧，并已经尝试着在工作中运用。你的上级认为你是一个有潜力的人，但你还需努力。

3. 总分为 0 ～ 6 分：你应该抓紧时间学习一下和上级的沟通技巧了。适当地改善沟通技巧，可以帮助你充分发挥自己的能力，去争取更为广阔的发展空间。人人都有自己的上级。你的上级就是你面临的一种环境，你应该去适应这种环境。与上级沟通是一种技巧，也是一种技能，需要不断地提升。

知识解读

一、主动汇报工作

（一）克服害怕领导的心态，以主动积极的态度汇报工作

很多职场新人都有怕见领导的心态。他们怕和领导打招呼，怕领导把自己叫到跟前，怕和领导挨得很近。当领导要求汇报工作的时候，他们便如临大敌，战战兢兢，在办公室里表现得极为紧张。一个下属如果和自己的领导沟通时心里发怵，这反而会增加工作难度。

【阅读案例】

赵先生的业务能力在同事中极为突出，工作总是高效高质地完成。可是好几年过去了，他依然做着小职员的工作，原地踏步，领导根本没有提拔他的意思。在和领导一次偶然的谈话中赵先生才知道，领导不重视他原来是因为他平日里见到领导就像耗子见到猫一样，总是躲躲闪闪。因此领导对他也没什么特别深的印象，这导致他虽然工作能力出色却得不到赏识。的确是这样，赵先生只要和领导在一起，就浑身不自在，不管是部门主管，还是行政经理，他几乎都很少交流，更不用提和老总说话了。

幸运的是，领导有一次和他谈了很多工作之外的话题并说："做人一定要大胆一些，你没必要紧张，要正常地和领导进行接触，让领导了解你。"

当然，多数领导不会像赵先生的领导那样主动地去疏导员工的自卑心理，多数情况下要靠我们自己调节。职场上造成"惧上心理"的主要原因就是对自己不自信，总觉得自己才疏学浅，能力不够，在领导面前总怕自己说错话，或是说话不恰当，影响领导对自己的印象；其次可能是对领导的感觉像是对待上学时的老师，或是严厉的长辈一样，总觉得他们是不可接近的强者，那么在这种情境下，心里一定是小心谨慎，唯恐做出什么不对的事情来，所以表现得战战兢兢，脸红心跳。

很多怕见领导的职员其实也挺讨厌自己这种胆小鬼的姿态的，但苦于找不到方法提高

自己。其实，心病还需心药医，克服这种讨厌的“惧上心理”还是要从心理上入手。

（1）要保持一颗平常心。在职场中，保持一颗平常心是非常重要的，在接触领导时，既要尊重他们的职位，又要把他们当作同事，放松心情。

（2）要有自信，包括对自己的学识、才华和能力的自信，对领导信任的自信。

（3）客观看待与领导的关系。从本质上说，领导和员工的目标是一致的，大家都是为了更好地工作。领导希望员工高效认真，这样领导的工作便容易开展，带领公司向好的方向发展。员工则希望领导开明和善，能够看到自己的努力，认可自己的能力，获得相应的回报。领导与员工都是为了完成一个共同的目标走到一起来的，员工实际上是在帮助领导完成目标，要把自己放在一个既是下属又是主人的位置上。

自动自发不是别人指使你干什么，而是自己主动去干什么，它是一种自觉、一种忠诚、一种信念、一种自信之心。罗斯福曾说过：“杰出的人不是那些天赋很高的人，而是那些把自己的才能尽可能地发挥到最大限度的人。”对你而言，你工作的主动性又怎样呢？通过下列测试你就会了解。

工作主动性测试

本测试共 10 题，每题有 3 个答案，请根据实际情况，选择适合自己的答案。

1. 在工作中，对于你力所能及的事情，你愿意：

A. 与别人合作

B. 说不准

C. 自己单独进行

2. 你在接受困难任务时：

A. 有独立完成的信心

B. 拿不准

C. 希望有能力强的人与自己一起进行

3. 你对自己的工作能力：

A. 充分相信

B. 很不相信

C. 介于 A、B 之间

4. 你解决问题时借助于：

A. 独立思考

B. 与别人讨论

C. 介于 A、B 之间

5. 对上司布置的任务：

A 为保证质量，需要反复检查，有时会拖延

B. 在规定时间内完成，并保证质量

C. 常能提前完成并得到上司赞赏

6. 你在社团活动中是不是积极分子：

A. 是的

B. 看兴趣

C. 不是

7. 上司指派你做一些简单的工作，你会：

A. 认为上司看不起自己

B. 心中有抱怨，但仍会把工作做好

C. 不管工作难易，始终尽心尽力

8. 对于一件许多人都不愿意做的艰巨工作，你会：

A. 主动请缨，相信自己的能力

B. 如果上司指派，自己会尽力做好

C. 不显露自己，更不自寻烦恼

9. 在工作上，你喜欢独自筹划或不愿别人干涉：

A. 是的

B. 不好说

C. 不是，喜欢与人共事

10. 你的学习多依赖于：

A. 阅读书刊

B. 参加集会讨论

C. 介于 A、B 之间

评分标准：

请按照下表中的记分标准，计算自己的得分。

题目	选项及分数		
	A	B	C
1	2	1	0
2	2	1	0
3	2	0	1
4	1	1	2
5	0	1	2
6	2	1	0
7	0	1	2
8	2	1	0
9	0	1	2
10	1	1	2

得分在 15 ～ 20 分，说明你的主动性很强。你就像上满发条的钟一样，时刻不停地走着。懒惰、拖延是你最痛恨的恶习。在工作中，不论自己分内的工作有多少，你都会尽心尽力完成，对工作中遇到的问题不会徒劳地抱怨，而且对于艰难的工作，你还会主动请缨、排除万难。自动自发是你的习惯。

得分在 11 ～ 14 分，说明你的主动性一般。在工作中，你不会有很高的效率，但一般都能完成自己分内的工作。如果公司裁员，你往往不会担心，因为有比你差的员工；但升职之时，你同样也不在其中，因为有比你优秀的员工。

得分在 11 分以下，说明你的主动性很差。你认为工作是谋生的手段，因此工作是为了生活。你少有激情、缺乏耐性，少有信心、缺乏目标，你就像一棵墙头草随风摇摆。可以说自动自发是职场成功的前提。你需要的是制订自己的行动计划，确定自己的使命，增加工作强度和效率，切实地使自己成为一个自动自发的人。

（二）寻找汇报的时机

很多职场人每到周一，就会感到烦闷异常，需要喝大量的茶或咖啡来提神，这就是常见的“星期一综合征”。几乎工作中的每个人都会面临这种情况，在经历了两天的休息后，突然间又回到忙碌的工作状态，很多人都会觉得疲劳。

【阅读案例】

朱轩是一家矿业公司的经理助理，上周四有领导来单位进行安全生产大检查，作为经理助理的朱轩自然要陪同。专心地陪了领导两天，朱轩感觉上级领导对单位的安全情况还是比较满意的，经理因此也很是高兴。见状，朱轩向经理提出给单位相关的工作人员一些奖励，经理很痛快地就答应了。工作人员听到这个消息都很高兴，开心地等着单位发放福利。当天下午，朱轩的女儿因为高烧去了医院，朱轩也焦急地赶到了医院。经过周六、周日两天的治疗，他女儿的情况总算稳定了下来。周一朱轩来到单位，同事们就打趣他，说朱轩说话不算数，说好的福利连影子都没见到。朱轩这才想起福利的事。向同事们解释了情况后，朱轩就带着同事们满含期冀的目光敲响了经理办公室的门，可一进门，他就被办公室内呛人的烟味熏得咳了起来。经理皱着眉问他有什么事，朱轩便把福利的事情说与经理，可周五还答应给相关下属发福利的经理却在此时不悦地说道：“就这事？再说吧，我现在还要与甲方公司商量合约。那件事过几天再说。”

朱轩只得从经理办公室灰溜溜地出来，面对众位同事期冀的目光他也只能无奈地耸耸肩。

《论语》研究者们发现，在《论语》全书中“时”字共出现过十次，而“时”被译为“恰当的时候”竟然高达八次，无论“时”是以名词还是动词的形式出现，都可翻译为“恰当的时候”。如孔子“不时不食”就译为不在不恰当的时候进食；公叔文子的“时然后言”则告诉人们要在适当的时候说话。这些“时”都被译为“恰当的时候”，而不是“时常”。可见，无论是说话还是办事，选择一个恰当的时机都是非常重要的。

（三）提高汇报工作的能力

很多职员都在抱怨领导根本没有时间搭理他们，导致他们根本找不到向领导汇报工作的机会。

这个问题还是要在他自己身上找答案。许多事情，有执着的精神非常重要，E-mail、电话不行，你就多去敲两次门，他总会让你坐下来。他如果说，我只给你五分钟，那么反过来，你自己能不能在五分钟内把要说的事情很漂亮地说出来，不但说清楚，还要有说服力并引起他的注意。

你听说过“电梯测试”这回事吗？

假设你是个销售，找到了一个潜在的大客户，你打电话给他们，费尽口舌介绍自己的产品质量好、价格低。可是你苦于没有机会和他们的决策层接触。有一天，你去拜访别的客户，刚跨进一楼电梯，忽然发觉该大客户采购部总经理就站在你身边。电梯会几停几开，总经理到他办公的楼层只要一分钟甚至半分钟时间，你是否有本事让他在出电梯之前说：“你刚才说的这东西有点意思，这样，我给你十分钟，来我办公室坐坐。”这就是备受推崇的麦肯锡式“电梯测试”。

“电梯测试”不仅适用于销售人员，也是世界众多企业对员工汇报工作的要求。优秀员工在汇报工作时，也要争取通过“电梯测试”——在极短的时间内清楚完整地把你的想法输送到领导的大脑。

【小贴士】

假设你是人力资源部工作人员，你希望能说服老板做一次调查。如果你在电梯里遇到你的领导，你打算如何说服他？

关键其实只要三句话：第一，公司出现员工情绪低落、流失严重的情况；第二，我认为现阶段有一种很有效的方法能够调动员工积极性；第三，我已经有了比较周全的行动方案且经费远低于年初的预算。老总听到了这三句话会感到：第一，员工情绪低落、流失严重的情况的确很严重，第二，你说有办法调动大家的积极性；第三，你已经给我想好了方案而且不要花太多钱！好吧，赶快告诉我。——这就是你的“电梯测试”。

当你练好了这项测试，你就不愁领导没有时间聆听你非凡的创意。

二、汇报工作的方法

（一）分清“讨教”和“汇报”

简单地说，讨教的公式是：您告诉我该怎么做？而汇报的公式则是：我这样做您同意吗？

很多人喜欢向上司讨教工作，而不喜欢向上司汇报工作，这是因为不论我们遇到什么样的问题和困难，都可以用一句“您认为这个问题应该怎么办”来轻松搞定。但这却是一个容易惹恼上司且自讨没趣的办法。

【阅读案例】

《把信送给加西亚》的作者阿尔伯特·哈伯德曾经谈了自己在服役时的一段经历。当时他只有24岁，担任驻巴拿马共和国美国南方司令部司令约翰·高尔文将军的特别助理。有一次。高尔文将军委派给他一项任务。几天后，他带着一大堆问题来找高尔文，就与此次任务相关的任务、时间、地点、原因和如何解决出现的问题问了个遍。高尔文将军没有等他说完就不耐烦地厉声吼道："阿尔伯特中尉，如果你想让我来做你的工作，那我要你干什么？你被撤职了，解散！"正当阿尔伯特心烦意乱、不知所措的时候，高尔文将军高声地说道："阿尔伯特中尉！别带问题给我。我要的是解决方案。"阿尔伯特这才如梦方醒。

阿尔伯特的经历很有典型性，在我们的周围就有很多这样的人。不管大事小事都要请示讨教领导，而且只提问题不提方案，上司怎么说自己怎么做，上司不说自己就不做或者乱做。

《谁背上了猴子》这篇文章是《哈佛商业评论》上最为经典的文章之一。在这篇文章里，威廉·翁肯和唐纳德·沃斯把猴子比喻为工作，并十分形象地描述了这样的一个现象：下属经常以"老板，我们遇到了一个问题。您知道……"的方式，把本属于下属的工作转移到了上司的手中。原来"猴子"在下属的肩上，现在却跳到了上司的肩上。自己轻松了，却让上司忙活了。

这实际上是把"上下关系"颠倒过来了，不是上司在给下属安排工作，而是下属在给上司安排工作。这样的下属不仅对上司无用，反而会给上司带来无谓的麻烦。上司要我们做什么？上司需要我们能够解决存在的问题，而不是仅仅把问题罗列出来。这种自作聪明的做法必然会遭到上司的讨厌和反对，最终只能是自欺欺人。

（二）带上纸笔进领导办公室

汇报工作前，带好纸笔和相关资料能让你的汇报变得更高效。

【阅读案例】

职场新人笑笑：现在都用电子笔记本了，拿个iPad或者手机备忘录直接记。

职场导师蕾蕾：笑笑，给你讲个关于婷的故事。婷刚刚入职时，没有工作经验，对于工作中的很多事情都处于一知半解的状态，而且她经常因为小错误被领导叫到办公室批评与教导。她每次都会因为不带纸笔就慌慌张张地出现在领导面前而被他批评："纸也不带，笔也不带，我说的话你都能记住吗？"婷与朋友谈起这个话题时，朋友对她说："你们领导算客气了，说得还算委婉。我们经理每次看到有人不带纸和笔就进他的办公室，直接就说：'挺轻松啊，两只胳膊夹着个脑袋就这样直接进来了？怎么，你是想坐在我的位置上给我训话吗？下次再不带纸和笔，就不用进来了。'"后来她又陆续和几个朋友谈到了这点，最后得出了一条结论：就算各有各的上级，各有各的领导，但即便他们怎么变，性格怎么不一样，在这件事上的态度却出奇地一致——他们不喜欢下属不带纸和笔就贸然地进他们的办公室。

所以，不论你从事哪个行业，不论你的工作内容是什么，也不论你遇到了什么样的上级，都应该带着纸和笔去向他汇报工作，这样在提高你汇报效率的同时，也美化了你在上级领导心中的形象。

纸和笔真的那么有用吗？

第一，且不说能不能真的被用到，就说携带纸和笔的行为背后所代表的态度就已经显示出你很重视这个汇报、这场谈话、这次会议，职场中，工作态度非常重要，而这不过是带纸和笔的原因之一，还有很多你必须带纸和笔再去敲上级办公室门的原因。

第二，带纸和笔去见上级非常必要。上级要处理的事情有很多，相应地他的时间就会很紧张。见领导时带好纸和笔，你才能对领导说的重点予以记录。还是遵循那句老话“好记性不如烂笔头”。拿出你的笔，将领导的要求与指示记下，对你以后的工作安排以及工作重点是很有益处的。

第三，带着纸和笔出现在上级领导面前是一种基本的礼仪。如果你什么都没带就出现在领导面前，是一种不认真的表现，也是不守规矩不懂礼仪的表现。

第四，带上纸和笔去向领导汇报工作，在做汇报的时候就能够针对自己的内容进行重点的备注，能够更准确地传达自己的意图，而且也能够在很大程度上避免遗漏。而上级领导在听过你的汇报之后，必然会对你的汇报内容做出点评，此时将上级领导的话记下来，不仅能够对上级领导的指示有更加明确的认知，还能帮助自己改善汇报内容。

所以，要带齐纸笔和相关资料再去向上级汇报工作，这样不仅能让自己的汇报更加出色、更加全面，还能给他人留下优秀职场人的印象，增强自己的影响。

（三）必须向上级汇报的情况

通常，遇到以下情况必须向上级汇报工作：

（1）做好工作计划后，要立即向上级汇报工作。汇报新的工作计划，可以让上级了解你接下来的工作内容以及工作重点，从而针对你的情况提出合理的、有针对性的建议。上级也会根据单位的具体情况审时度势地对你的工作内容做出调整与修改，从大局出发，切实地指出你在计划中所存在的问题，及时地发现你的误区，并指导你做出修改。这样就可以保证你接下来的工作内容与单位的发展方向是一致的，避免出现做无用功、费力不讨好的状况。

（2）当你的工作有了新的进展时，一定要向上级汇报。工作有了新进展，或者进行到了一定程度时，要通过汇报让上级对你的工作了如指掌，其间遇到的问题或者取得的成果，都要让上级做到心中有数，这样上级才能对你的工作提出下一步的指示，对你工作中出现的困难与问题提供具体的援助。

（3）当工作中出现失误或者意外情况时，要立即汇报，寻求上级的援助。能成为上级领导，自然要有相应的能力和储备，因此，很多对我们来说很难的事情或很重大的问题，也许汇报给上级之后就会变得不那么棘手。

（4）工作中出现超出自己权限的事情，需要上级领导统筹决策时，必须向上级汇报。通过此举向上级表明你对他的尊重，维护他的权威。

（5）工作结束时要及时向上级汇报。将工作期间的整个情况向上级做出有逻辑、有重点的汇报，让上级对你的工作成果做出评价，需要改进的地方他也会给你指出。如果你完成得很好，他会对你以后的工作更加放心。

（四）带上自己的方案再汇报

优秀职场人在汇报前往往准备3个解决方案：最可行的方案、最大胆的方案和最可能失败的方案。而且，对每个方案都要进行利弊分析。当上司征求你的意见时，你要能够提出哪一个方案是可以优先考虑的方案，哪一个是不得已而为之的方案等。

好的方案一定是守正出奇的。要体现组织的价值追求，体现上司的目标和要求。不能执拗于自我的想法和目标，要与上司在方向和目标上保持一致，“守正”是基本的原则。不能上司提出向东，我们却提出向西，与上司的方向和目标背道而驰。达成目标的方法和途径是可以变的，要有创意，能够有效地解决问题。我们会发现同一件事有的人做得好，有的人做得不好，为什么呢？就在于你的方法是不是“出奇”，你有没有别人想不到的方法，也就是俗称的“好点子”。

【小贴士】 修养是一个人按照一定社会或组织的要求，经过学习、磨炼和陶冶的结果。每一个职场员工都应该具备职业修养，职场员工的修养正是管理职业精神过程中学习和实践的结果。对于一个职场员工来说，都应该具备这样的一些修养，即积极进取、宽容大度、诚实守信、自律守纪、坚持理性、保守秘密以及形成良好的习惯。

体现职业修养的八句话：

第一句：“我立刻去办！”

第二句：“我们可能遇到了一些新情况……”

第三句：“谢谢您的信任，我会加倍努力的！”

第四句：“让我再想一想，两点前答复您好吗？”

第五句：“如果大家都不介意的话，请让我来试试。”

第六句：“这方面您比我有经验，能听听您的看法吗？”

第七句：“这是大家的功劳，我只是做了分内的事。”

第八句：“谢谢您给我的建议，我会认真考虑的。”

课堂互动

任务传达的问题

人数：10人

时间：45分钟

场地：室内

用具：隔板4块

游戏步骤：

1. 将 10 人分成两组，每组 5 人。

2. 每组中的 5 人分别扮演总经理、副总经理、部长、主管和员工 5 种角色。将他们按照总经理→副总经理→部长→主管→员工的顺序用 4 块隔板隔开。

3. 让总经理向副总经理传达 N（$N \geqslant 2$）项较为复杂的工作任务，副总经理向部长传达此任务，以此类推。一组在传达工作任务中，另一组的人员保持安静，不得说话或发出笑声等。

4. 最后由员工向总经理叙述他所听到的各项任务。

5. 两组顺序完成游戏后，教师组织学生进行讨论。

讨论问题：

1. 扮演员工角色的学员的反馈是否符合总经理的原意？

2. 你认为你能否完全记住并理解上级交代的工作任务？

3. 通过这次游戏，你认为上级应该如何将任务完整地传达给下属？

减少信息传递过程中的偏差和遗漏，才能达到最高的信息传达率。在实际工作中，应在传达上级下达的任务后，及时搜集下属员工的反馈意见。有效沟通才能解决问题。要加强沟通，通过各方面的协调和反馈，解决实际操作中遇到的问题。

学习借鉴 | 不打无准备之仗

实习周记：银行一直以来有个惯例，即上班开早会、下班开夕会。这次分享下我主持一次早会的感受。

拿到早会主持本，看着上面写满了密密麻麻的字，可想而知，之前同学的准备是多么认真。其实，在快轮到我时，我都想了分享什么内容。思前想后，我确定的主题是健康的身体是革命的本钱。电销的同事大多时间都坐着，医生说久坐对身体不好，于是我建议他们时隔一个小时左右起来活动活动筋骨；其次，嗓子也是要重点保护的，建议喝温水，增加喝水的频率，减少每次喝水的量；最后，我对整个经济市场环境进行了一个简短的播报，使大家更熟悉现在的市场环境。总结一下，我本以为主持一个早会无非就是说两句话而已，但当我站在众人面前时，面对那么多双眼睛，顿时紧张起来，这次早会未能达到自己预想的效果。我需要多多锻炼胆量，多在大家面前学会表达自己的想法。

教师点评：主持早会也是一种工作汇报的形式，是向领导和同事汇报思想、分享知识、沟通感情、交流工作的机会。事先做好充分准备，认真对待每一次沟通交流机会，是工作汇报的基本要求。特别是作为职场新人，要充分认识到汇报工作的重要性，汇报前就要认真确定主题、选定内容、选择形式、理顺条理、调整心态，不打无准备之仗，让自己的想法、态度和对问题的思考、建议，能够准确、完整地传达给领导、同事。要克服畏惧心理，利用好每一次汇报、交流的机会，只有不断地锻炼，才能真正让自己从中增长见识、增加经验、增添力量，从而快速成长。

微课：汇报工作　　　　微课：工作进度汇报的技巧

方法单元4 解决问题

学习目标

能够理解工作中出现各类问题的必然性，了解常见的问题解决的方法，培养科学解决问题的思维，树立面对困难迎难而上的职场专业化态度。

情境导入

明代文学家徐文长，以其聪明和智慧闻名遐迩，四乡邻里无人不知、无人不晓。在徐文长小的时候，有一天，他的伯父把两只木桶装满水，然后领着一群小孩子走到一座竹桥边说："谁要是能把这两桶水拎过桥，而且水又不泼出去的话，我就送他一件礼物。"这座竹桥很有弹性，人只身走上去，桥身都会摇晃，更何况把水桶提过去？很长时间，小朋友们没一个人吭声。过了一会儿，徐文长对伯父说道："我可以。"只见徐文长找来两根绳子，他用绳子系着小桶，小心地将两只水桶置于桥两边的河中，然后便走上竹桥，从桥上用绳子拖着水桶毫不费力地过了桥。当然水一点都没有泼出去。徐文长"拎着"水桶成功过河后，他的伯父将礼物挂在一根长竹竿上，走到徐文长跟前对他说道："我可以给你礼物。不过，你必须遵守两个条件：第一，你不能把竹竿横躺下来；第二，你不能站在凳子或台阶上去拿。"徐文长想了一会儿，然后说道："没问题。"说完，他接过竹竿，举着它径直走到屋门前的一口水井旁，然后把竹竿从井口探了下去，当礼物和他齐身时，他便轻而易举地把它摘了下来。

徐文长成年以后，一天到一家饭馆吃汤面。掌柜见他来了，想难为一下他，就故意让伙计将汤面装得满满的，然后对他说："徐文长，汤面太烫了，我家伙计没法端，你聪明，还是你想想办法吧。"徐文长走进厨房一看，只见锅台上放着一碗几乎快要溢出来的热汤面，他环顾四周，一块抹布也没有，他知道掌柜在刁难自己。于是，他俯下身准备喝一口汤，不料，那汤烫得要命。这时，掌柜笑着说道："没想到你徐文长也有没办法的时候啊！"徐文长想了一下，马上也跟着笑了起来。只见他取来了一双筷子，右手拿筷子轻轻挑起小半碗面，这时，汤一下子降下了不少；然后，他便从容不迫地用左手端起面条走出了厨房。

面对难题，徐文长总能巧妙地找到解决之道，其解决问题的能力令人佩服。

但佩服之余，我们应该看到，他轻松解决问题的背后是他勤于思考的良好习惯以及对环境条件和现有资源的有效利用。其实，问题并不如想象得那么难。只要开启智慧的大脑，思考、思考、再思考，我们就不会在问题丛林中迷失方向。

问题思考与讨论：你平时在遇到问题的时候通常是如何解决的呢？你倾向于选择哪些方法？

自我测试

请通过下列问题对自己解决问题的方法技巧运用能力进行测评。

1. 你如何理解问题解决的方法技巧？

A. 是问题得以有效解决的手段

B. 是问题解决的途径

C. 是问题处理的方式

2. 当面对无法解决的难题时，你通常如何认识？

A. 方法总比问题多

B. 或许能找到合适的方法

C. 也许根本没有解决的办法

3. 你是否能够发现事物之间的联系并通过联想找到问题解决的方法和技巧？

A. 通常能

B. 有时能

C. 不能

4. 遇到问题时，你是否能为问题找到创新的解决方法？

A. 通常能

B. 有时能

C. 不能

5. 你是否有过后悔使用某种方法解决问题的情况？

A. 从来没有

B. 偶尔会有

C. 经常有

6. 你如何理解“围魏救赵”这种解决问题的方法？

A. 是一种“迂回”的解决问题的方法

B. 只有特定的问题可以使用

C. 效果不如直接解决问题明显

7. 你在解决问题时怎样使用以前的方法和经验？

A. 使用与否，要具体问题具体分析

B. 认真分析，尽量使用以前的经验

C. 总是按经验办事

8. 你通常如何解决自己不熟悉的问题？
A. 通过学习，找到解决方法
B. 根据以往的经验来解决
C. 通过向同事请教来解决
9. 你能否从与问题相关的事物中找到解决问题的灵感？
A. 经常能
B. 有时能
C. 不能
10. 当团队工作遇到困难时，你能否比他人率先找到解决问题的办法？
A. 经常能
B. 有时能
C. 不能
评分标准：
选 A 得 3 分，选 B 得 2 分，选 C 得 1 分。
24 分以上，说明你在方法技巧运用能力方面表现良好，请继续保持和提升。
15 ～ 24 分，说明你在方法技巧运用能力方面表现一般，请努力提升。
15 分以下，说明你在方法技巧运用能力方面表现较差，亟须提升。
资料来源：罗辉．问题解决能力．北京：人民邮电出版社，2009.

知识解读

在工作中，每位员工不可避免地会遇到各种各样的问题，这些问题轻则影响工作效率，重则使工作无法正常开展。而且，随着工作难度的增加，问题的复杂性随之增加，解决问题所要花费的时间和精力也会增加。从某种意义上说，员工的工作就是一个不断识别问题、分析问题和解决问题的过程。

一、面对问题时常见的错误观念

对待问题，有些职场人有着错误的应对方式，让我们来一起看一下。

（一）忽视常规问题，只重视突发问题

有这种观念的人不重视日常工作、程序性工作等天天遇到的问题，只重视突如其来的问题，或者新鲜问题。实际上，如果一个人突发问题处理不好，往往是因为他常规事件处理得不好。只不过常规问题没解决，其危险平时不会爆发，只有在突发事件中才能体现出来。

（二）把问题当成麻烦，总想回避问题

遇到突发问题时，人们总有不公平的感觉：“这事怎么让我摊上”“我真倒霉”。

事实上，问题往往来源于事物的客观属性，并非对你才是问题，对任何人都是问题。就像一座山的高度，并不因为你去爬它才会那么高，它对任何攀登者都是公平的。自然，山的高度、路的长度、天气的冷与热等问题都比较容易感知其客观性，社会问题的客观性就不容易被感知，如培养一个新品牌的难度，建立一个新企业的难度，出版一本书的难度等。所以人们总觉得只有自己才遇到这类问题，别人都挺顺利。由于问题来自事物的客观属性，所以处理新问题会提高人各方面的素质。你能迈过一座山，它对你就不再是困难。所以问题更是一种机遇，让你站在更高的起点上。

（三）渴望一劳永逸

人们普遍幻想着有一天全部问题都得到解决。但事实上，人们在工作和生活中，会不断地遇到各种问题。另外，人们还会把自己的所有问题归结到一个原因上，认为它才是万恶之源。如“只要我考上大学，一切问题都好办了”“只要我有了工作，一切问题都好办了”“只要我嫁了人，一切问题都好办了”“只要我赚了钱，一切问题都好办了”。

人的问题是多方面、多层次的。一个问题的解决只满足了一种需要，甚至只是阶段性地满足了一种需要。比如，今天吃的饭总不能撑到明天。一劳永逸的想法，会使当事人把阶段性问题看成永久性问题，把小问题当成大问题。

二、提高问题解决能力的四种方法

（一）提高问题分析能力

对于复杂的问题，通常可以将其分解成几个部分来解决。分解的过程必然要进行问题分析，这样的分析要以事实为基础。

在分析问题时，可以采用“5W1H”方法，即分析“问题是什么（What）”“问题为什么会发生（Why）”“问题是什么时间发生的（When）”“问题在哪里（Where）”“问题和谁有关（Who）”“问题该怎么解决（How）”。

【阅读案例】　　杜绝浪费学丰田

1950年，丰田公司遇到极大困难，为了改善局面，丰田喜一郎“三顾茅庐”，请到了管理能手石田退三，请他担任总经理。石田上任后立即到各车间、科室视察，发现了丰田衰落之源——浪费。而后，杜绝浪费的治厂纲领随即出台。他规定：所有管理干部都要走出办公室，到现场办公，一旦发现有任何明显浪费现象，就要不断地追问“为什么”。比如，当事人报告：“保险丝断了。”就要问：“为什么保险丝断了？”“因为掉进铁屑。”“为什么让它掉进铁屑？”“因为没有防护罩。”“为什么没防护罩？”“因为车间没有统一安排。”……于是，立即由车间主任解决车床加防护罩的问题，从而使这种浪费永远不会再出现第二次。依靠这些最基础的决策管理，丰田迅速克服了困难并重新走上了正轨。

解决问题的办法不是凭空想出来的，而是通过对问题发生现场的观察和分析得出来的。问题发生后，或问题明确化之后，所找出的原因称之为问题点。在大部分的情况下，一个问题内会有多数个原因存在，但是，并非每个原因都可以称“问题点”。

例如，在交通事故的例子中，“下雨路滑”虽然是原因之一，但却不是“问题点”。当我们认为某种原因是“问题点”时，其中就包含有“必须能够加以处理”的意思存在。而在问题的解决上，除了先找出原因使问题明确化之外，接着就是必须把构成问题的原因加以消除。但是，有些促使问题发生的原因，是无法给予剔除的。

以交通事故为例，“胡乱驾驶”与“道路凹凸不平”两个原因对问题而言，就是能够加以处理的事情。只要加强驾驶技术培训并提高驾驶员注意交通安全，就能避免驾驶员“胡乱驾驶”，当然罚款也是很好的办法。另外，“道路凹凸不平”虽然无法自行处理，但可以通知道路管理局派人修复，也可解决。但是，对于“下雨路滑”的原因，就算是向气象局抱怨也无济于事。所以，“下雨路滑”虽然是“交通事故”的原因之一，却不是“问题点”所在。

这个例子解释了“问题”与“问题点”的区别。所谓问题点，是可以探索对策加以处理的，换言之，就是具有改善可能性的原因。由此得知，问题点与改善点可说是相同之事。通常，在一个问题中有多数个问题点存在。对于那些知道却无法处理解决的原因，不能视为“问题点”。

【小贴士】 请寻找问题点在哪里

由于“货币升值”，平时以出口为主的企业承受了很大的损失。各企业的业绩随之下滑。要提高各企业的业绩，需要关注的问题点是什么？

请你先不看下面的分析，自行思考一下。

分析：“货币升值”虽然是业绩低落的原因，但却不是问题点。因为，“货币升值”不是单凭个体或一个企业能够自行处理解决的事情。

在“货币升值”的背景下，企业经营者为了确保业绩水平，可以采取下列的手段处理。比如：“提高销售量”“努力降低成本”“提高价格”等。而这些手段只是应变方法，是否能解决“货币升值”的现象，还有待观察。货币升值的原因，不能称之为问题点。

（二）采用系统的分析方法

系统的分析方法是指把需解决的问题作为一个系统，对系统要素进行综合分析，找出解决问题的可行方案的方法。系统的分析方法能帮助问题解决者在复杂的问题和环境中做出科学分析和决策。这样，问题解决者就能在不确定的情况下找到问题的本质和起因，明确目标，找出各种可行的解决方案，并通过一定标准对这些方案进行比较，做出选择。

【阅读案例】 病症不能只看表面

华佗是东汉末年著名的医学家，他精通内、外、妇、儿、针灸各科，医术高明，诊断准确，在我国医学史上享有很高的声誉。

华佗给病人诊疗时，能够根据不同的情况，开出不同的处方。有一次，州官倪寻和李延一同到华佗那儿看病，两人诉说的病症相同：头痛发热。华佗分别给两人诊了脉后，给倪寻开了泻药，给李延开了发汗的药。两人看了药方，感到非常奇怪，问：我们两人的症状相同，病情一样，为什么吃的药却不一样呢？华佗解释说：你俩相同的，只是病症的表象，倪寻的病因是由内部伤食引起的，而李延的病却是由于外感风寒，着了凉引起的。两人的病因不同，我当然得对症下药，给你们用不同的药治疗了。倪寻和李延服药后，没过多久，病就全好了。

【小组游戏活动】　　卖胡萝卜

时间：5 分钟。

应用：训练学员的系统思考能力。

题目：一个商人骑一头驴要穿越 1 000 公里的沙漠去卖胡萝卜。胡萝卜有 3 000 根，已知驴一次可驮 1 000 根胡萝卜，但每走一公里就要吃掉一根胡萝卜。问：商人该如何穿越沙漠？走出沙漠后，他最多能剩下多少根胡萝卜？

参考答案：

首先，商人带着驮 1 000 根胡萝卜的驴，走到 250 公里处，放下 500 根，原路返回，这样驴吃掉 500 根胡萝卜。商人再让驴驮上 1 000 根胡萝卜，走到 250 公里处，这时，驴吃掉 250 根。让驴再驮上原先放下的 500 根中的 250 根，继续前行至 500 公里处，这时，驴又吃掉 250 根。放下 500 根胡萝卜，剩 250 根正好能让驴返回 250 公里处。在 250 公里处，让驴驮上剩下的 250 根返回起点，这时驴又吃掉 250 根。商人再让驴驮上最后的 1 000 根胡萝卜，走到 500 公里处，这时，驴吃掉 500 根。让驴再驮上原先放的 500 根胡萝卜。这样走出沙漠时，驴吃掉 500 根，还剩 500 根。

（三）运用多种思维形式

对于某个问题，逻辑上很严密的回答可能并不是最佳答案，问题解决者要摆脱思维定式，运用发散思维等多种思维方式来思考问题，充分发挥想象力和创造力，从而找出一个全新的问题解决方法。

【补充阅读】　　六顶思考帽思维法

“六顶思考帽”由爱德华·德博诺提出，代表每个人都拥有的 6 种基本思维功能。

白帽子：中性的事实与数据之帽，具有处理信息的功能。

黄帽子：乐观帽，具有识别事物的积极因素的功能。

黑帽子：谨慎帽，具有发现事物的消极因素的功能。

红帽子：情感帽，具有形成观点和感觉的功能。

绿帽子：创造力之帽，具有创造解决问题的方法和思路的功能。

蓝帽子：指挥帽，具有指挥其他帽子并管理整个思维进程的功能。

“六顶思考帽”思维方式使我们将思考的不同方面分开，这样，我们可以依次对问题的不同侧面给予足够的重视和充分的考虑。就像彩色打印机，先将各种颜色分解成基本色，然后将每种基本色打印在纸张同一点上，就会得到彩色的打印结果。同理，我们对思维模式进行分解，然后按照每一种思维模式对同一事物进行思考，最终得到全方位的“彩色”思考。

“六项思考帽”是一种“平行”思维方式。人们通常使用的是以下两种思维方式：

（1）“对抗型”思维方式。我们在电视上曾看到的就某一论题分正反两方辩论的辩论赛，就是这类思维方式的典型例子。

（2）“垂直型”思维方式。这种思维方式使人们在形成观点后只认为自己的观点是正确的，因而寻找各种证据来证明自己的观点。

尽管“对抗型”与“垂直型”思维方式能将某种观点深入到极致，却往往陷入“只见树木，不见森林”的片面性泥潭。而“平行”思维方式却能让我们在分析问题时做到更加全面客观。6 顶帽子戴起来的一般顺序如下：

首先戴“蓝帽子”，决定分析问题的程序。

接下来戴的通常是“白帽子”，先把与主题相关的事实和信息罗列出来。

接下来戴“黄帽子”，有关主题的“利”的部分。

接下来戴“黑帽子”，有关主题的“弊”的部分。

接下来戴“红帽子”，考虑主题可能给自己和他人带来什么情感反应。

最后戴“绿帽子”，针对主题提出新的见解。除“蓝帽子”必须先戴以外，其他颜色的帽子的穿戴顺序可以灵活，但须保证的是在某一时间段内只戴一顶帽子，即集中思考主题的一个侧面后再考虑另一个侧面，从而对主题做出全面深入的分析。

【补充调查】 鱼骨图思考法

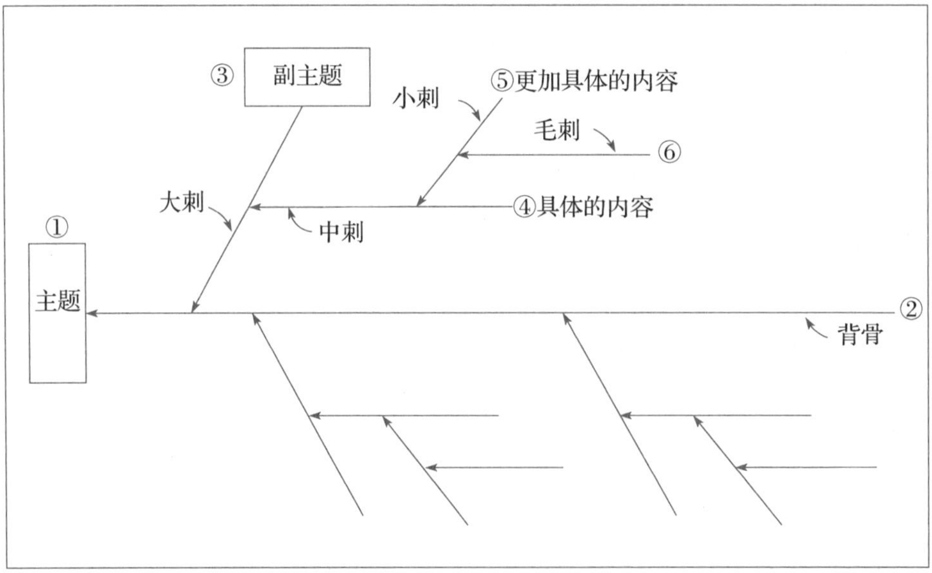

将鱼骨画在纸上。基本顺序是写出鱼头，然后写背骨，然后是大刺，然后是中刺、小刺、毛刺，按照这样的顺序书写即可。

（1）鱼头。决定笔记的主题，然后将主题写在纸张中央的最左端，用方框或圆圈将其框起来。请将这看作鱼头。

（2）鱼的背骨。沿着鱼头向右画一条带箭头的粗线。这是鱼的背骨。

（3）鱼的大刺。将主题分为 3 ～ 8 个副主题，并将其分布于背骨的周围，用方框或圆圈框起来，然后朝着背骨的方向画出有箭头的线。这是鱼的大刺。

（4）鱼的中刺。在各个副主题引申出的大刺周围进行更详细的内容补充，然后向着大刺的方向画出带有箭头的线。这是鱼的中刺。

（5）鱼的小刺。在中刺的周围进行更加详细的内容补充，向着中刺的方向画出带有箭头的线。这是鱼的小刺。

（6）鱼的毛刺。如果需要进一步书写详细内容，可以继续在鱼骨周围进行补充，然后用带有箭头的线将其与上一级鱼骨进行连接。这就是鱼的毛刺。如果依然有需要，还可以继续写出毛毛刺、毛毛毛刺……进行细分。

资料来源：驹井伸俊．鱼骨图思考法．北京：中信出版社，2018.

（四）使问题简单化

简单化是对付复杂问题的最有效方法。对于目标制定和执行过程中出现的种种问题，必须剔除冗余信息，使复杂的问题简单化。

问题的有效解决需要我们用特定的方法和技巧把问题步骤化和简单化。下面介绍一套常用且有效的解决问题的基本方法。

步骤1 陈述问题	步骤2 分解问题	步骤3 消除非关键问题	步骤4 制订详细的工作计划	步骤5 提高执行能力

步骤1：陈述问题

解决问题首先要将所需解决的问题予以清晰的陈述，对所要解决的问题有一个准确的了解。在陈述问题时还要注意问题的背景情况。背景情况涉及诸多方面，如果能了解透彻，就很容易知道问题的本质了。

（1）决策者：

哪些是你的听众？

谁来决策，谁来执行？

（2）影响决策者的主要因素：

哪些是他们比较关心的问题？

你如何解决互相冲突的问题？

（3）解决问题的时间：

需要多长时间解决该问题？

（4）成功的标准：

决策者如何判断是否成功地解决了问题？

他所关心的是什么？

（5）影响决策者的主要因素：

哪些是衡量是否成功的主要因素？

哪些因素将不被考虑？

（6）所需要的准确度：

需要多高的准确度？

步骤 2：分解问题

根据事情的轻重缓急和工作任务的不同，管理者要将需要解决的问题进行分解，将问题分解到每个人身上，使其各尽其责，共同解决所面临的问题。只要将问题的各个部分逐一解决好，即可解决整个问题。需要管理者注意的是，所分解问题的各个部分不尽相同，在分解问题时要做到没有重叠、没有遗漏。为了更容易使团队了解问题解决的框架，管理者可以使用逻辑树来分解问题，层层递进地解剖问题，就能找到问题的根源，进而有效解决问题。

步骤 3：消除非关键问题

80/20 法则认为，事情往往被 20% 的因素所控制，80% 的因素都不是关键的。管理者需要在理论和数据之间来回验证，对问题进行反复推敲和论证，然后将工作重心放在最主要的问题上，抓住关键的少数，做到有所为有所不为。尤其在进行一项高难度项目时，消除非关键问题是掌握合理的工作方式的关键，能够给团队提供更多的休息时间。

步骤 4：制订详细的工作计划

当管理者通过漏斗法清晰地界定了关键问题之后，就需要为问题解决制订详细的工作计划。在制订计划时，需要确定最细小的分支问题，列出并提炼出假设（问题可能的解决方法），分析工作看假设是否成立，然后明确负责人去搜集和分析资料，做出“诊断”结果。

步骤 5：提高执行能力

有策略地将决策转化为行动，问题才可能被解决。问题解决者不仅要考虑如何解决问题（通过谁、使用哪些资源、何时结束），还要考虑其对与此问题有关的人的影响，以及这些人与自己之间的合作程度，同时要鼓励他们积极寻找解决问题的办法。行动不是盲目的、莽撞的，而是要讲求策略的。

课堂互动

时间：40 分钟。

人数：12 人。

用具：生鸡蛋、纸杯、剪刀、胶带纸、一次性筷子、吸管、气球、橡皮筋、卡纸等。

场地：空地或操场。

游戏步骤及详解：

一、分发用具

每组分一个生鸡蛋、四个纸杯、一把剪刀、一卷宽的透明胶带，以及一些吸管、一次性筷子、气球、橡皮筋、卡纸等。

二、游戏规则

1. 各小组要在 30 分钟的时间内，用所给的用具制作一个飞行器，要求将生鸡蛋固定在飞行器上。

2. 制作好飞行器后，进行飞行实验。哪个小组的飞行器飞得最远，且上面的鸡蛋没有破碎，哪个小组获胜。

三、问题讨论

1. 你们小组的飞行器是否符合你们的设想？有你们意料之外的情况发生吗？

2. 你们小组是如何讨论问题的？最终的方案是怎样产生的？

学习借鉴 | 微笑倾听化解矛盾

实习周记：一天，我在大堂遇到一个 50 多岁的客户，他问我："在你们银行买理财要不要写风险保证书？"我回答说是的，我们的理财产品有保本保息的。我还没说完，客户情绪就突然激动起来，认为一旦签了保证书，银行就可以推卸责任，他激烈地指责银行的保本保息承诺是骗人的。我越解释，他越激动。经过两三次解释后，客户的情绪丝毫没有平缓。这个时候，我想我应该选择保持微笑倾听客户的想法。然后，客户大约抱怨了 15 分钟，情绪开始平缓下来了。这时，我再微笑地和他解释理财分很多种……也和他说了要签订保证书的原因。针对他的保守，我还向他推荐了存款产品，并将附近银行的存款利率进行了对比。最后，客户和我交谈了一会儿，走之前，他表示过几天来存"财运通"这款存款产品。这个事情给了我一个启示，要学会倾听客户的真实想法，而不是一味地把自己的想法灌输给客户。

教师点评：在工作中遇到客户有情绪，首先自己心要定，态度要好，不能被客户的情绪带着走。要善于倾听，倾听是沟通的最高境界。微笑地认真地听客户怎么说，也让客户感觉到你很重视他的意见，他的气就去了一半。只有真正地搞清楚客户的真实想法，你才能对症下药，问题就迎刃而解了。客户发难怎么办，微笑一个给他看！

微课：沟通交流

案例：沟通交流

职业
发展篇

目标单元 树立个人职业品牌

学习目标

理解个人职业品牌的含义及对于个人职业发展的重要性，树立个人职业品牌塑造意识，掌握打造个人职业品牌的方式方法。

情境导入

美国管理学家汤姆•彼得斯指出："21 世纪的工作，已经从做一份工作、追求一个事业，转变到树立个人品牌。"

"个人品牌"就是使你与众不同，留给他人特有的一种印象。你的个人品牌会不断增加你的可信度，人们会更加相信你，愿意与你打交道，也愿意与你合作。

对于市场上的产品，你肯定会有自己非常喜欢的品牌，并深受该品牌影响，以至改变了你的思维方式和生活的关注点。产品因为品牌和你建立了独特的情感，你记住它、喜欢它、爱上它，成为它的忠实用户。比如以下耳熟能详的品牌或许是你的最爱：Adidas（阿迪达斯）：Impossible is nothing（没有什么不可能）；联想：让世界联想中国；李宁 Li-Ning：Anything is possible（一切皆有可能）；小米：永远相信美好的事情即将发生；农夫山泉：农夫山泉有点甜；等等。它们独特的广告语展示了品牌的力量，体现了独特的价值。的确，一个成功的品牌会在大脑、身体及灵魂深处和你进行链接。

那么即将步入职场的你，希望怎样被别人记住呢？如何像大公司那样定义、传达你的个人品牌，帮助你在众多新员工中脱颖而出呢？

知识解读

一、什么是个人职业品牌？

对于产品而言，根据菲利普·科特勒的理论，一个品牌最持久的含义是它的文化、个性和价值，这三个要素构成了品牌的内涵和基础。只有当品牌内涵与消费者的需求和情感发生振荡时，品牌才能引起消费者的注意，继而产生好感、偏好，直至依赖、忠诚，也才能够成为品牌资产，为企业带来价值。

个人职业品牌，就是个人在工作过程中，通过职业道德、工作能力、做事方法、创新能力等思想和言行表现所形成的，被领导、同事、客户、社会大众等职业相关人员感受到的个人文化、个性和价值，是一个人给予职业相关者比较一致的印象或口碑。

个人职业品牌形成最主要的因素来自职业人的自我个性、观念、文化、能力、意识等因素。从市场角度分析，职业人就是在职场上一种具有自身属性的产品。如同产品具有质量、性能、材质、用途、包装、工艺、外观、价格等多种属性一样，职业人同样具有观念、知识、能力、素质、资历、仪表、性格等多种属性。个人职业品牌的塑造，绝不是靠运气和炒作来实现的，而是需要通过提升自身外在条件和内在素质，将自己的思想、能力、个性以及独特的品质融为一体而形成的。优秀的个人职业品牌，就是你亮丽的职业精神名片，是质量的保证、能力的体现、价值的象征、成功的符号。

二、你的个人品牌是什么？

个人职业品牌理论认为，职业人的个人职业品牌的内涵是建立在职业属性基础上、向外界对象传达的、能够被外界对象清晰感受的，可以代表职业者独特性的价值表现。职业人发掘和塑造个人职业品牌内涵的过程就是不断发掘和塑造个人属性的过程，就是不断强化自己各种属性从而使外界对象感受到更多价值的过程。

其实我们每个人都已经拥有自己的品牌，它可能就在你的身上，只是你可能还没意识到它的存在，或许它还需要些调整，或者你期待未来的自己能够拥有，关键是你希望树立的个人品牌是否就是人们看到的真实的你。这需要你去关注、观察以及发现自己独有的特质。

现在，就来认识一下你的个人品牌。如果用三个形容词形容自己，会是哪三个形容词？熟悉你的父母、老师、同学、朋友，又会用哪三个词形容你呢？可供参考的有：高贵的、安全的、自信的、美丽的、安静的、优雅的、传统的、时尚的、儒雅的、有朝气的、智慧的、高效的、包容的、有活力的、快乐的、执着的、创意的、绅士的、运动的、平和的、善良的、和善的、进取的、热情的、坦诚的、亲和的、坚持的、友好的……

你希望在现在的生活和工作中，乃至以后的生活和工作中，向客户、朋友、家人传递怎样的信息呢？你希望是哪三个形容词成为你的个人品牌并为之努力呢？

通过以下问题和陈述，可以进一步帮助你更好地了解自己。

（一）源自背景的可信度

（1）简单列一下你的背景和培训经历。

（2）在你所关注的行业，你有哪些技能？

（3）你有哪些其他的技能帮助你去完成工作？

（4）目前你的不足是什么？怎样才能弥补？

(二) 源自经验的可信度

(1) 列举你曾服务过的客户或参与过的项目。

(2) 由于你的服务，你的客户有哪些获益？列出类似的结果。

(3) 你还记得你服务或参与过的客户、老板和同事曾给过你的评价吗？

(4) 就你之前的工作，你取得了哪些成就？获得了哪些技能？

你希望别人怎样记住你？你希望向别人传递什么？在以往的生活、工作和社交中，别人给你的评价是什么？你喜欢自己哪些地方？你的核心竞争力是什么？未来的你是什么模样？在职场上，你一定接触过很多人，谁给你留下的印象最深？他的身上有哪些特质？为什么对他有这种感觉？

通过以上分析，请初步勾勒出你的个人品牌。

案例分析

个人的核心竞争力和职业价值，是树立个人职业品牌的重要属性。下面的案例，可以为我们将来如何塑造自己的职业品牌带来启示。

这是一个小桥流水、群山回唱的江南小城，红砖绿瓦掩映在叠翠的竹林之中，丝带般的白云缭绕在竹林之上，鸣啭的黄鹂吟唱出最美的童谣。就在这秀美的山水之间，走出一位身披绶带的姑娘。她，就是“全国金融五一劳动奖章”获得者、中国银行浙江省分行首批一级核心专业人才、湖州市分行德清新市支行柜员、“90后”姑娘——沈晓琴。

说起她工作六年来获得的荣誉，可不是一两句话就能带过的：2014年、2015年中国银行浙江省分行业务技能比武，连续夺得个人蓝图对公业务技能第一名；2015年1月，被共青团湖州市委评为“湖州市青年岗位能手”；2015年1月，被评为2013—2014年度中国银行浙江省分行省行级青年岗位能手、五星级柜员；2015年7月，在2015年中国银行全国业务技能比武中，夺得个人蓝图对公业务技能第二名，被授予“中国银行业务技能标兵”称号；2012—2016年，连续五年取得中文录入、蓝图对公一级能手成绩；2016年3月，被湖州市银行业协会评为“湖州银行业最美银行人”；2016年11月，获得全国金融系统银行证券保险综合业务技能竞赛银行类对公项目一等奖；2016年12月，荣获由中国金融工会全国委员会颁发的“全国金融五一劳动奖章”。细数这些荣誉，很难与一个被称为“新新人类”的“90后”挂钩，但她的的确确是“90后”。沈晓琴自2011年从浙江金融职业学院“中行订单班”毕业进入中国银行德清支行工作后，短短六年间在平凡工作岗位上结出累累硕果。

相较于大学本科生，高职毕业生在学历、专业理论水平上都处于劣势，因此高职生要寻找自己的长处，以专业技能打造自己的核心竞争力，这样才能在激烈的职场竞争中立于不败之地。沈晓琴就是通过技能训练，在实现自我价值的同时树立了自己亮丽的职业品牌。

三、着手打造个人品牌

一个有价值的个人品牌，承载着良好的素养、丰富的情感、深度的价值和独特的个性。打造个人职业品牌的过程，就是个人在职业道路上不断成长、成熟、完善的过程。初入职场，我们就要将个人职业品牌打造作为职业生涯规划的重要内容，明确发展目标，制定实施方案，落实行动计划，实现职业发展。

（一）重视思想品德修养，奠定职业可持续发展的基础

培根曾说过："美德好比宝石，它在朴素背景的衬托下反而更华丽。同样，一个打扮并不华贵，却端庄、严肃而有美德的人是令人肃然起敬的。"高尚的品德是个人品牌尊崇的基色，是个人形象、信用和声誉的保证，也是职业可持续发展的基础，如果一个人被贴上"品德不好"的标签，他将信誉扫地、声名狼藉，更谈不上职业发展了。对于职业人而言，职业道德是在职业生活中应遵循的基本道德，《公民道德建设实施纲要》提出职业道德主要包括爱岗敬业、诚实守信、办事公道、服务群众、奉献社会等内容。

打造个人职业品牌，要从提高思想品德修养开始，诚实、善良、敬业等应该成为个人精神名片的基色。"勿以恶小而为之，勿以善小而不为"，在日常的学习、生活、工作中，要将助人为乐、诚实守信、友爱奉献作为自觉的行动，按照职业道德的基本原则和规范，有目的地自我锻炼、自我改造和自我提高。曾子曰："吾日三省吾身：为人谋而不忠乎？与朋友交而不信乎？传不习乎？"要培养反省反思的习惯，不断提升自己的素质素养。《中庸》云："莫见乎隐，莫显乎微，故君子慎其独也。"其意是当独自一人而无别人监视时，也要表里一致，严守本分，不做坏事，不自欺。要坚持"慎独"，自觉遵守道德准则，不做任何不道德的事，维护个人职业品牌。

审视你的思想观念和道德品行，你觉得在哪些方面还需要进一步提高？你准备如何行动？

（二）强化职业能力培养，锻造个人职业品牌的硬核实力

质量是品牌最核心的保障，职业能力就是个人职业品牌最核心的质量保障。职业能力是人们从事其职业的多种能力的综合，是职业人的知识、技能、能力、态度在职业活动或情境中进行类化迁移与整合所形成的能完成一定职业任务的能力。职业能力有一般职业能力、专业能力和综合能力三种。一般职业能力，主要是指一般的学习能力、文字和语言运用能力、数学运用能力、人际交往能力、团队协作能力、对环境的适应能力、心理承受能力等；专业能力，主要是指从事某一职业胜任岗位工作的能力；综合能力，包括跨职业的专业能力、方法能力、社会能力等国际上普遍注重培养的"关键能力"。

职业能力培养，需要在理论学习、实践锻炼、经验总结、思考深化的循环往复中持续开展。第一，要认真学习专业知识，拥有扎实的专业理论基础；第二，要刻

苦开展职业技能训练，确保工作开展更快、更准、更高效；第三，要勤于动手实践，在实践中锻炼发现问题、分析问题、解决问题的能力；第四，要勤学好问，多向领导、同事、客户请教，让自己拓宽思路、少走弯路；第五，要养成总结经验教训的习惯，吃一堑长一智，在自己的思考训练和他人的经验教训中加快进步、成熟的速度。

盘点你的职业能力，列出需要进一步强化的内容，并制订简要的行动计划。

（三）注重职业形象塑造，构建形象展示的具象化载体

个人职业品牌是依附于职业形象的表现形式而存在的，职业形象体现了品牌的内涵和价值。英国作家塞缪尔·斯迈尔斯曾说："一个人的行为举止、风度仪表是展现一个人外在魅力的主要方式之一。优雅的行为举止使人风度翩翩。"一个人的职业形象，在工作中影响着升迁，在商业上影响着交易，在生活中影响着人际关系，它无时无刻不在影响着自尊和自信，最终影响着幸福感。一个人的职业形象，也在职业交往的过程中，无声地在讲述你的故事——你是谁、你的社会地位、你的生活品质、你的情趣品味、你的事业追求……

职业形象是指职业人在工作岗位上给他人留下的印象以及获得的评价，它主要通过仪表、服饰、言谈、举止等直观感觉展现出来。职业形象包括外在形象和内在形象，外在形象主要是指呈现在人体外部，可以通过视觉直接感知到的部分，包括发型、面容、服装、配饰等要素；内在形象主要指仪态举止和言语谈吐，是人的行为举止的统称，包括站姿、坐姿、走姿、气质、风度、声音、谈吐等。

职业形象的塑造需要"内外兼修"。首先是外表的塑造，通过职业礼仪的专业培训，学习礼仪的基本知识，遵从职场礼仪的基本原则，在服饰着装、仪容仪态、动作举止等各个方面执行职业礼仪的行为规范，着装美观、得体，声音清晰、悦耳，谈吐亲切、高雅，姿态优美、协调，举止彬彬有礼、落落大方，给人舒适、专业的良好印象；其次是内涵的修炼，内涵就是那些更为实在的、更为持久的、由内而外散发的能量，来自你的视野、经验、专业知识和技能、独特的天赋以及你看待问题、分析问题和解决问题的方法等。洛克曾说："在缺乏教养的人身上，勇敢就会成为粗暴，常识就会成为迂腐，机智就会成为逗趣，质朴就会成为粗鲁，温厚就会成为谄媚。"只有加强内涵修养，才能展现典雅的气质和风度。

与同学一起讨论，列举出在职业形象塑造方面需要加强的地方，并思考下一步如何进一步改进。

（四）专注核心竞争力，形成个人形象的特色亮点

核心竞争力，又称"核心竞争优势"，对于个人而言，是指其所具备的应对变革与激烈的外部竞争，并且取胜于竞争对手的能力的集合，具有价值性、稀缺性、不可替代性、难以模仿性等特点。核心竞争力，是最能凸显你个人魅力和价值的表现，是将你自己最擅长的能力发挥到极致，让你变得与众不同，是别人不可代替的价值所

在。核心竞争力，就是你个人职业品牌中最出彩的内容之一。

在金融行业激烈的人才竞争中，刚走向社会的高职毕业生，在初始学历、理论水平、专业功底等方面都逊人一筹，就需要专注培养自己的核心竞争优势，让自己在这些方面胜人一等，才不至于被市场淘汰，甚至比优秀本科生更早获得发展先机。结合金融行业对人才的要求和高职教育的特点，高超的职业技能、优雅的职业形象、超强的实践动手能力和高尚的职业素质是值得重点培育的四个方面。此外，结合个人的兴趣爱好，每位同学还可以充分利用大学时间，重点培养自己的特长，如书法美术、唱歌舞蹈、新媒体制作、篮球足球运动等各个方面，既陶冶情操、丰富业余活动，提升生活品质，又可以在单位活动、工作交流中发挥作用，创造更多的职业发展机遇。

请列出你的兴趣、特长和优势，思考并回答：你计划在哪些方面培养你的核心竞争优势？要培养这些竞争优势你准备如何行动？

（五）拓展人际交流渠道，把握展现真我风采的机会

俗话说，“酒香不怕巷子深”，但在如今是“酒好也怕巷子深”，酒再香，巷子深了，味道也飘不出去，再好的东西没有好的宣传，那也只能是被埋没的金子。从个人角度来说，即使是“千里马”，也需要懂得自我包装、自我推销，将亮丽的个人职业形象展示出去，才能赢得伯乐的赏识。社会是一张庞大的人际网，人与人之间必须有沟通和交流，并不是你有内在、有学识、够优秀就可以等着伯乐来找你，要知道“千里马常有，而伯乐不常有”，个人需要通过人际交流渠道，把自己展现出去。因而，除了要练好“内功”、打造形象外，还要积极参与研讨会、主题沙龙，多去拜访客户，主动构建人际网络，把握展示个人风采的机会。

戴尔·卡耐基说：“一个人的成功，只有15%是由于他的专业技术，而85%则靠人际关系和他为人处世的能力。”社交过程，即建立个人关系网络的过程，创造有利于个人品牌拓展的空间，就会得到更多的支持和合作。

请结合个人职业品牌打造，认真思考并回答以下问题：在公共社交场合，你经常参加哪些活动？这些活动和你的个人品牌是什么关系？在这些活动中，你可以学到什么？你可以建立怎样的人际网络？拜访客户时如何成为“受欢迎”的客人？如何表达和表现自己的专业能力和职场魅力？在同学朋友聚会中，你经常出入哪些场合？和哪些人接触，能帮助你获得灵感，激发你的想象力？哪些聚会能带给你“正能量”？

（六）坚持学习，维护和提升个人职业品牌

个人职业品牌的打造是一个漫长的、动态的、持续的过程，并且建立起来的个人职业品牌也需要不断地维护和提升，持续学习、积极实践是维护提升职业品牌最重要的方法。大学毕业走上工作岗位，是学生时代的结束，但并不意味着学习的结束，而是学习新阶段的开始。现代社会高速发展已经进入了信息化时代，知识结构升级、思维模式转变，市场瞬息万变、产品快速迭代，如果不持续学习就会被时代淘汰。金融

是现代经济的命脉，金融行业是现代经济的核心行业，发展日新月异，新业态层出不穷，对从业人员的知识、能力、技能和素质有着更高的要求，更加突出员工学习能力的培养和持续学习行动的开展。

初入职场的大学毕业生，无论是专业知识、职业能力还是素质素养，都需要通过持续学习、有效学习来提升。持续学习，是实现自我可持续发展的需要，是提升自身综合素质的需要，也是创造美好生活的需要。刚从学校毕业的学习，一般可以包括学历提高、能力培养和素质提升三大方面。学历提高，主要侧重于课本知识的学习，如进行在职本科、研究生学习，获得相应的学历、学位证书，为今后的职业发展奠定基础；同时，也包括相关职业资格证书的考取，拓宽职业发展渠道。能力培养，主要是在工作实践的过程中学习，学习业务知识，提高业务处理能力，锻炼沟通交流、组织协调、人际关系处理、压力管理等方方面面的能力，使自己更加得心应手地完成工作任务、实现最优业绩。素质提升的意义就更加广泛而深远，包括认知层次的提高、思维模式的创新、思想境界的提升等，其意义不仅仅是更好地对待工作，而是更好地对待他人、对待社会、对待自己的一种思想品德与生活品质，是学习、内省、践行循环往复的修炼过程，是通往快乐工作、幸福生活之路。

走出校门的学习，与学校学习有很大的区别，需要自己培养意识、确定目标、选择内容、掌握方法。学习的范围也不能再局限于书本知识和单位布置的内容，还要学习如何学习，如学会向同事、客户、竞争对手学，通过书本、网络、培训班学，结合业务开展和岗位要求学，分析自身的弱点和优势有针对性学，在做中学、反省反思中学、阅读思考中学，自学与团队合作学，等等。总之，要让学习成为自觉、成为一种习惯、成为生命的一部分，才能让自己持续进步、持续成长，让个人职业品牌不断完善、提升。

学习借鉴 | 职业礼仪塑造职业形象

实习周记：昨天，义乌邮政局的所有员工在香江公寓开会，主要的内容是加强服务规范，根据“神秘人”在义乌29家网点进行检查的情况，通报了所存在的各类问题，领导也提出了几点要求，希望我们能够有健康的心态，要把服务质量提升起来。在“神秘人”检查通告的PPT上，有很多的问题都是常见的，如柜员在做业务的时候没有很好地遵循礼仪要求，没有双手接、双手递单据，没有做到客户来有迎声、走有送声，办理业务时面无表情，没有良好的精神状态，站姿、坐姿、蹲姿、走姿做得不到位，微笑服务做得不到位。这些问题都是工作中比较常见的，在日常生活中都应该注意的。在服务行业，做好服务是非常重要的，工作虽然很累很辛苦，但是我们应该有职业素养，拥有良好的心态，工作的时候心情好，在接待客户的时候也能够为客户提供更好的服务。

教师点评：职业礼仪是对服务行业员工最基本的从业规范要求，表面上看是脸上露出微笑、双手递接物品、使用礼貌的问候用语等言行举止的规定，本质上反映的是员工的工作状态、单位的精神面貌。真正感染顾客的礼仪，来自服务人员对工作岗位的热爱，微笑、动作、问候都是发自内心的，而不是机械、刻板的做作；真正感动顾客的礼仪，来自服务人员的积极、阳光的生活态度和乐观、进取的人生境界，如春风拂面，所到之处春暖花开。因此，要成为一名真正受顾客喜爱的服务人员，不仅要训练言行举止的规范，而且要培养积极、乐观、充满正能量的心态，修炼宽容、进取、充满爱的心境。服务他人，同时也在修炼自己。

微课：个人品牌　　微课：优势培养　　案例：优势培养

参考文献

［1］ 周远清．素质·素质教育·文化素质教育——关于高等教育思想观念改革的再思考［J］．中国高等教育，2000（8）．

［2］ 朱小蔓，高宝立，刘惊铎，等．素质教育的概念、内涵及相关理论［J］．教育研究，2006（2）．

［3］ 周远清，瞿振元，等．中国特色高等教育思想体系举要［J］．中国高教研究，2017（4）．

［4］ 周建松．现代高等职业教育创新发展研究［M］．杭州：浙江大学出版社，2015.

［5］ 王祝华．银色的旗帜——30个“银领精英”的成长故事［M］．杭州：浙江工商大学出版社，2018.

［6］ 曹建华．职业素质教育［M］．北京：国防工业出版社，2015.

［7］ 韩富军，贺立萍．现代职业素养［M］．北京：北京理工大学出版社，2017.

［8］ 付伟．团队建设能力培训全案［M］．北京：人民邮电出版社，2014.

［9］ 谢红霞．沟通技巧［M］．北京：中国人民大学出版社，2018.

［10］ 驹井伸俊．鱼骨笔记术［M］．北京：中信出版社，2018.

［11］ 徐世勇．工作压力会伤人［M］．北京：企业管理出版社，2007.

［12］ 罗辉．问题解决能力培训全案［M］．北京：人民邮电出版社，2009.